T25 Réserve. (Attribué à Charles Estienne.)
L.1.

La guide des chemins de France.

A PARIS,
Chez Charles Estienne, Imprimeur du Roy.

M. D. LII.

Auec priuilege dudict Seigneur

AV LECTEVR.

L'AVTEVR de ce liuret (Lecteur) en a faict par passetemps, a la requeste de ses amis, ce qu'il a peu. Et se cognoissant estre homme, c'est a dire, subiect a faillir, a laissé par expres marge suffisante a chascun endroit d'iceluy, pour ne t'oster la liberté de pouoir adiouster ou diminuer par tout ou bon te semblera: luy suffisant d'auoir pour ceste fois entreprins chose, que tu puisse estimer proufitable, & qui paraduenture donne occasion a un autre, en ensuiuãt ce premier traict, de mieulx faire, s'il luy est possible, attendu qu'il n'est riens plus aisé qu'adiouster aux choses inuenteés. Au demeurant, pour le mescontentemét qui pourroit suruenir au moyen de la diuersité d'opinions au nombre des lieues & iournees de chascun chemin, il n'entend la mesure d'icelle en estre plus certaine, que la coustume des pays, qui change de iour a autre. Parquoy luy a semblé suffisant merquer les gistes & repeues, que chascũ pourra partir selon sa commodité, estant asseuré, que s'il loge ailleurs (pourueu qu'il n'y ait note de ville ou bourgade) il pourra bien tomber en dāger d'estre mal traicté. Et neātmoins te priē excuser l'orthographe des surnoms, attēdu que de diuers auteurs, cõme messagiers, marchans, & pellerins, desquels luy a esté force s'aider, ne peult sortir que grand diuersité, qui se pourra corriger a mesure que les aduertissemés en viendrōt. Quant a l'incertitude de la diuision & estendue des pays, tu sçais combien elle est uariable selon les appanages & changemens des princes. A ceste cause il te supplie, te contēter pour ceste fois, de ce qui t'en est descript en ce lieu.

Escoute encor ce mot, L'Auteur auoit deliberé te donner par mesme moyen, les pellerinages ou voyages des lieux saincts, auec l'entiere description des fleuues de France, qu'il a touts prests: mais il s'est aduisé d'attendre ton iugement & aduis sur ceste premiere façon, pour auec quelque amendement, t'en rendre cy apres plus content.

LA VALEVR DES LETtres merquees aux chemins cy apres proposez.

Lettres en ligne.

v.	ville.	p. f.	prioré de femmes.
b.	bourg.	b. p.	bourg, poste.
d.	duché.	abb.	abbaye.
f.	ferme.	v. c. p.	ville, cité, parlement.
m.	maison.	v. ch. vn.	ville, chasteau, vniuersité.
p.	poste.	v. ch. b.	ville, chasteau, bailliage.
ch.	chasteau.	v. ch. e.	ville, chasteau, euesché.
v. ch.	ville, chasteau.	v. e. b.	ville, euesché, bailliage.
b. ch.	bourg, chasteau.		
v. e.	ville, euesché.		
v. pr.	ville, prioré.		

Lettres en fin de ligne.

R.	repeue.	q.	quart de lieue.
g.	giste.	d. q.	demi quart.
l.	lieue.	I.	iournees.
d.	demie lieue.		

TABLE DES PAYS DEscripts en ce liure, selon l'ordre qu'ils y sont proposez.

Preuosté & viconté de Paris	4
Le Valois	9
La Picardie	16,17,18
Chemins de la haulte Picardie	31
Le Heurepoix	36
La Brye	39,40
La conté de Champaigne, & pays adiacents	50,51
Lorraine, & pays adiacents	69,70,71,72
Chemins de la duché de Barrois	77
La Bourgongne	79,80,81,82
Le pays de Gastinois	91
La basse Beausse, & duché d'Orleans, & pays de Solongne	96,97
La Beausse Vendosmoise, dicte moyenne	101,102
La haulte Beausse, & pays Chartrain	107
La conté du Perche & du Maine, & la duché d'Aniou	109,110
Normandie	118,119,120
La duché de Bretaigne	124,125,126
La duché de Berry	135,136
La duché de Nyuernois	141

Le pays de Bourbonnois, Forest, & Lyon-
　nois　142,143
Sauoye　149
Le Daulphiné & ses dependences 152,153,
　154,155,156
Prouence　163
Languedoc　168
Le pays d'Auuergne　175,176
Isles du bas Poictou　195
La duché de Guyenne　195,196

TABLE DES CHEMINS
addressans aux villes des pays cy dessus mentionnez.

A

a Agen　202,203,204
a Aigueperse　145
a Ainay le chasteau　144
a Aingrandes　139
a Aix　166
a Alencon　123,124
a Amboise　104,105
a Ambrun　162
a Amyens　21,22
a Angers　116,117
a Antibe　166,167
a Anuers en Brabant　35

*.iiii.

a Argenton 139
a Arles 165
a Arq en Barrois 77,78
a Arras 33
a Auignon 164
a Auperre 90

B

a Bar le duc 77
a Bar sur Seine 82
a Bar sur Aulbe 90
a Bayonne 205
a Beaulne 85
a Beaumont 20
a Beauuoir sur mer 193
a Beauuois 20
a Belesme par Chartres 112
a Belesme, le plus court 112
a Besancon, le plus long, mais plus frequent 87,88
au Blanc en Berry 138,139
a Blaye 198
a Blesneau 95
a Blois 103
a Bologne sur la mer 24
a Bordeaulx 199
a Bourbon 145
a Bourges 99.137
a Bourmont 78,79

a Brest par Nantes	173
a Bresuire	192
a Briancon	162
a Brioude	178
a Bruxelles en Brabant	35
a Brye conte Robert	40
a Buzancaiz	140

C

a Caen	122
a Cahors en Quercy	179, 180
a Calais	24
a Cambray	32
a Chaalons	58, 59
a Chaalon sur Saosne	85
a Chambery	150
a Chantilly	13
a Chartres	107, 108
a Chasteaudun	103, 104
a Chasteauneuf	98, 206
a Chasteauroux	138
a Chasteau Tierry	47, 48
a Chastelerault	187
a Chastillon sur Seine	83
a Chastillon sur Loing	95
a Chastillon sur Indre	140, 141
a Cheureuse	8
a Chinon	117, 118
a Clermont	19

a Clermont par Lyon 178
a Coignac 199,200
a Compiegne 13
a Confollant 207
a Corbeil par terre 7
 par eaue 7
a Cosne en Bourbonnois 144
a Creil 14
a Crespy en Valois 16
a Creuecoeur 21
a Cuys dessus 140

D

a Dampmartin en Goelle 8
a Dieppe 122,123
a Dijon 84
a Dosle 87
a Dreux 109
a Dun le Roy 137

E

a Estampes 92

F

a la Fere en Picardie 26
a la Ferté Milon 48,49
a la Ferté soubs Iouerre 49
a la Ferté sainct Aulbin 137,138
a Fontaine belleau par Corbeil 37
 par le boys 38
a Fontenay le conte 194

G

a Gand en Flandre	34
a Gap	161
a la Gauache	193
a Grenoble, le plus droict	156,157:
le plus aisé	157,158
a Gueret en la marche de Lymosin	183
a Gueret par Poictiers	185
a Guinguand, principale ville de l'Euesché de Treguier	131
a Guyse en Tierache	29,30

H

a Hen	29
a Heruault	193
a Honfleu, port de mer	122
a Houdan	108

I

a Iainuille par Chaalons	53,54
par Troye	54,55,56
a Iainuille par Sedane	56,57
a l'Isle en Flandre	34
a Iuigny	61,62

L

a Lagny sur Marne	41,42
a Langers	106
a Langres	68,69
a Lantreguer	113
a Laon	26
a Leuroux	139

a Ligny en Barrois 77
a Lodun 188,189
a Lorris 98
a Louuain 34
a Lusarche 9
a Lusson, le plus droict chemin; & le plus court 189,190
a Lymoges 182,183
a Lymoges par Poictiers 183,184,185 : par Gueret 185
a Lymosin 181
a Lyon, le grand chemin 145,146 : par Orleans 147 par la Bourgongne 147,148

M

a Malines en Brabant 35
au Mans 116
a Marseilles 166
a Mascon sur Saosne 86
a Mayenne la Iuzest, ou Iuhel 114,115
a Melun 36
a Memers 114
a Metz 76
a Milly 92,93
a Molins 144
a Moret en Gastinois 93,94
a Montagut, le plus long 192
a Montargis 94

a Montauban en Quercy 180
a Montbeliart 88
a Montelimart 163
a Montereau fault Yonne 41
a Montfort 130
a Montfort l'Amaulry 1082
a Montlehery 7
a Montmelian 159,160
a Montpeſlier par Lyon, le plus aiſé 172
a Montreul par Amyens 23
a Monts en Haynault 35
a Mortaigne 110,111
a Mortlaye, port de mer 131
a la Motte en Barrois 79
a Moulins par Bourges 100
a Muſſy l'eueſque 83

N

a Nancy, le bas chemin 74, le hault 75
a Nantes 132
a Nantueil le haultdoyn 15
a Narbonne 172
a Nemoux 95
a Nerac 204
a Neſle 27
a Neuers 142
a Nice 167
a Nogent ſur Seine 47
a Nogent le rotrou 113

a Noyon 28
a Nymes 171
a Nyort 188

O

a Orenges 165
a Orleans 97,98

P

a Partenay le ieune 194
a Peronne 32
a Pluuiers 93
a Poictiers 187
a Poictou 186
a Pont saincte Maixence 12
a Pontoise 14,15
a Pouligny 88,89
a Prouins 46,47
a Puysieulx 93

R

a Reims le plus droict 59,60
   par Laon, le plus beau 60,61
a Renes, le plus droict 128
a Renes par Vittray 128
a Renes par Angers 129,130
a Rion 177,178
a la Roche Foucault 207
a la Rochelle le droict chemin 200,201
   par Lusson le plus long 202
a Roffec 205,206

a Rommans 159
a Romorentin 99
a Rouen 121
a Roye 31

S

au Sable d'Aulonne 194
a Sainct Arnoul 92
a Sainct Claude, au dela de Diion 85
a S. Difier 63, 64, 65, 66 : par Chaalōs 66, 67
a Sainct Forgeau en Puisaye 95
a Sainct Iean de Morienne 150, 151
a Sainct Maiſſent 187, 188
a Sainct Malo 132
a Sainct Nicolas de Vers en Iainuille 76
a Sainct Paul, par Nantes 134
a Sainct Quentin 29
a Sainctes 197
a Salins, par Doſle 89
a Saulmur 106
a Sédane, ou Sezane 45, 46
a Senlis 11
a Seris 42, 43
a Sens, en temps d'yuer 43, 44
a Sens par Montereau 44, 45
a Siuray 187
a Soiſſons 25

T

a Talmont 190, 191

a Terouenne 25
a Tholoze, le droict chemin 169,170,171
a Tholoze par Narbonne 173
    par Lyon 173,174,175
a Tornut 86
a Touars 189
a Toul, le plus cōmū 76 : le plus droict 77
a Tours 105
a Troye 52
a Turin, ville capitale de Piedmōt 151,152

V

a Vaillancay 140
a Valence 162,163
a Valencienne 34
a Vannes 134
a Vendofme 104
a Vernueil 115,116
a Vefou 89
a Vienne 159
a Vierzon 141
a Villefranche 86,99
a Villeneufue le Roy 47
a Villiers cofterets 12
a Vittray, premiere ville de Bretaigne 127
a Vittry en Pertois 62,63

Y

a Yffoire 178
a Yffoldun 141

La guide des chemins de France,

Veue, corrigee & augmentee pour la seconde fois.

LE royaume de Frāce (qu'aucuns disent cōtenir en forme de lozenge vingtdeux iournees de large, & dixneuf de long) est encloz d'vne part de la mer Oceane, espandue depuis l'escluse en Flādre, iusques aux limites de la petite Bretaigne, Normādie, & haulte Picardie: qui le separe d'auec les isles d'Angleterre, Islande, & Escosse. Et d'autre part (qui est du costé de Midy) il est fermé de la mer Mediterranee, qui le diuise d'auec l'Afrique, depuis Narbone iusques a Aiguesmortes, & a Nice: Entre lesquelles mers, plusieurs grandes montaignes luy seruent de borne & rempart: Ascauoir, les monts Pirenees (dicts par endroits, de Foiz, d'Esture, & d'Armignac) estenduz depuis Bayonne iusques a Narbonne, qui le separent d'auec l'Espaigne: & les haultes Alpes, produictes depuis Aiguesmortes iusques en Sauoye, qui le di-

a.i.

uifent d'auec le pays de Suiffe & Italie. Le furplus de fes confins eft terminé par fleuues: l'vn defquels (qui eft le Rofne) fait feparation des pays de Breffe & Daulphiné, d'auec les haultes Alemaignes: l'autre (qui eft la Sofne) diuife la Lorraine d'auec la duché de Bourgōgne: le tiers (qui eft l'Efcault) partit la Flandre d'auec le pays de Haynault:& le quart(qui eft la Meufe)partit le Haynault & pays du Liege, d'entre l'ancienne France & la Picardie.

Et pour faire plus ample difcours des cōtrees de ce royaume, ainfi que les defduirons cy apres, nous commencerons par le milieu d'iceluy, & le pourfuyurōs de toutes parts iufques a fes limites: prenāt pour la premiere contree, la Preuofté & Vifconté de Paris, foubs laquelle eft comprinfe l'ifle de France, la Goelle, le Parifis, & le Vexin Francois. A cefte Preuofté conioindrons la duché de Valois, la haulte & baffe Picardie d'vne part,& le pays de Heurepoix,& Gaftinois d'autre. Au Heurepoix, affemblerons les côtez de Brye & Champaigne: auec le Pertois, Barrois, Liege, Lorraine, côté, duché & vifduché de Bourgongne. Au pays de Gaftinois tiendrons la haulte, baffe & moyēne Beauffe: a la haulte

Beauſſe ſe trouueront adherer, le pays du Perche, d'Aniou & du Maine, & conſequemment la Normādie & Bretaigne. De la baſſe Beauſſe dependront les pays d'Orleans, & Solongne: aïnſi qu'a la moyenne ſuiurōt les pays de Blois, Dunois, Vendoſmois, Touraine, bas & hault Berry: au hault Berry tiendront, par conſequence de pays l'vn a l'autre, le Niuernois, Bourbonnois, Combraille, Foreſt, Lyonnois, Beauiolois, Viennois, Valētinois, Sauoye & Daulphiné. Du Daulphiné, viendrons a la Prouence, a laquelle ſeront liez les pays de Languedoc, Giuodan, Viuarez, Auuergne & Quercy. Nous reprendrons & retournerons au bas Berry: auquel annexerons le pays du Lymoſin, Perigord, Poictou, & Guyennois. Soubs le pays de Guyenne, deſcriprons la Gaſcongne, Biart, Xainctonge, Bordelois, Rochelois, Agenois, Baſadois, Condomois, Roargois (que lon dict auſſi Lorraguez) & generalement ce qui coſtoye la mer de Midy. Toutes leſquelles contrees ſeront particulierement deſduictes & deſchiffrees au large, ſelon leur ordre, & apres la deſcription de chaſcune, propoſez les grāds chemins ordinaires, addreſſans aux villes principales d'icelles: en prenant Paris pour

a.ii.

poinct milieu. Et au discours de chascun chemin, merquans non seulement les villes, bourgs, chasteauls, & fermes champestres de ce royaume: mais encores oultre ce, les distances, repeues, gistes, postes, archeueschez, eueschez, abbayes, priorez, & choses qu'aurons estimé digne de memoire en toute la Frãce. Ce qui sera (pour briefueté) merqué par certaines lettres, desquelles la valeur a esté cy dessus descripte.

La preuosté & viconté de Paris.

Soubs ceste partie de la France que prenons pour poinct milieu de la description des chemins d'icelle, sont comprins, le Parisis, la Goelle, l'isle de France, & ce que lon appelle Vexin le François: auec partie du Valois, Briois, & pays adiacẽts. Au discours de laquelle description & addresse, n'entreprendrons certainement traicter des iurisdictions, instituees & augmẽtees a traict de temps, ny des tiltres & noms ordonnez par les anciens, sinon en ce qu'en aurons peu estre aduertiz en passant. Car il se trouuera plusieurs seigneuries auoir esté changees par la reuolution du temps & diuersité de doumaines.

Le Parisis (dont retient encor l'appellation, la forte monnoye des solz & deniers
Parisis, le nom de Lutece en Parisis, & les
taxes en parlement de Paris) comprenoit
anciennement ce qui estoit depuis la porte
dudict Paris iusques a Pōtoise d'vne part,
& iusques a Claye, vers la Brye d'autre: duquel pays n'est demeuré que le surnom a
quelques villages, comme a Louures, Cor-
meilles, Escouan, & autres dicts en Parisis.
Encore disent aucuns, que la porte que
nous disons de Paris, s'appeloit la porte,
ou apport du Parisis: par ce que de cest en-
droict on alloit & venoit au Parisis.

La Goelle semblablemēt a perdu ses anciens limites, ainsi que la Gallie, desquelles contrees ne reste que le surnom, sans
plus: Ascauoir de Goelle a la côté de Dāp-
martin, & plaine d'alentour: & de Gallie,
au val dict de Gallie, & a la plaine fructu-
euse des enuirons. Croy que la duché de
Valois & Gaullois en a emporté le nom, &
estendue: ainsi que verrons en son lieu.

L'isle de Frāce contient ce qui est depuis
sainct Denys dict en Frāce, iusques a Rois-
sy & Montmorency: & generalement le
côtenu entre les reuolutions & sinuositez
de la riuiere de Seine, vers la Normandie

a. iii.

d'vn cofté, & la Picardie de l'autre: mais ce que lon appelle le pays de la France, en particulier, compréd oultre l'ifle fufdicte, le pays de Goëlle. En forte, que ce qui eft deca la riuiere de Marne, en la ville de Meaulx, eft eftimé de la France, & le refte de la Brye.

Vvlxim le Francois, que maintenant on dict le Vexin Francois, contient entierement ce qui eft depuis la riuiere d'Oyfe en amont vers la Picardie iufques a Clermõt en Beauuoifiz: defquelles appellations ne fe trouue memoire qu'aux anciens tiltres & noms demeurez du vieil temps. Le furplus des feigneuries de cefte preuofté a efté changé par la reuolution des temps.

Chemins.

Soubs cefte preuofté n'y a chemins fort notables, pource qu'il f'y trouue peu de groffes villes: mais font frequentez, tant a caufe des lieux d'apparence, aufquels ils cõduifent, a raifon de l'antiquité d'iceulx, cõme pource qu'ils font voifins de la plus grande ville de France.

A Corbueil par terre.

Villeiuifue   i P.
La Sauffaye p. f.   q.
   Le long boyau, plaine fertile, cõme petite Beauſſe.
Iuſtuiſy.   *Ius uiry, ou Giuiſy.* b   iii P.
   Paſſe la petite riuiere d'Orge.
La borde le long de l'eaue   d. P.
La briqueterie   d. P.
Corbueil v. ch. *anciénemẽt* Corboliũ. i P. R.
   Anciẽne uille, ioignãt laquelle paſſent les riuieres de Seine & d'Eſtápes. La uerras un anciẽ chaſteau de Iules Ceſar, que lon attribue a Gánes.

A Corbueil par eaue.

Le pont Charenton b.   ii P.
Choiſy, *bac pour les Corbuillars*   i P.
Villeneufue S. George b.   i P.
Abblon ſur Seine   d. P.
Chaſtillon ſur Seine   i P.
Corbueil v. ch.   ii P.

A Montlehery.

La banlieue   i P.
Le Bourg la Royne b.   i P.
Le pont Antony   i P.
Longiumeau b. p.   ii P.
Linas b. *ou lon loge ordinairement.*   R.
Montlehery v. ch.   ii P.

a.iiii.

Laiſſe le à coſté gauche, & uoy l'ancien chaſteau du temps de Gannes, aſſis ſur montaigne apparente, memorable de la iournee contre les Bourguignons : s'appeloit premieremét Mót le berry.

A Dampmartin en Goelle.

La Villette S. Ladre   d. P.
Le Bourget   i P. d.
Le pont Yblon   d. P.

Pren main droicte pour le plus court.

Le Meſnil madame Rance   b. iii P. d.
Villeneufue ſoubs Dampmartin   i P.
Dampmartin   b. ch.   d. P. R.

Anciennement uille aſſiſe en croppe de petite montaigne, a l'oppoſite de Montlebery eſt maintenant conté.

A Cheureuſe.

Chaſtillon ou Penſot   f.   i P.
Villacoublay   f.   ii P.
Vaulx boyan   d. P.

Monte la montaigne.

Saclé   d. P.
Sainct Aulbin   d. P.
La belle ymage   m.   q. P.
Sainct Remy   i P.
Cheureuſe   v. ch.   i P. R.

Fut ainſi dicte, pour l'abondance des cheures qui eſtoyét en ce pays ou barôme, pres laquelle y auoit un chastel sur un heurt appelé Haultefueille, qui fut basty par Griffon, dict De haultefueille, predecesseur de Gannes, & s'y trouuent vestiges des armoiries de Gannes, & bastiment d'iceluy.

A Lusarche.

La Chappelle S. Denys	i. P.
Voy les loges du Landit.	
S. Denys en France. v. abb.	i P.
Pierre fritte, *ou fite, ou ficte*	i P.
Sercelles	d. P.
Villiers le bel	d. P.

Escouan a main gauche, lieu magnificque, a monseigneur le duc de Mormorency Conestable de Fráce.

Le Mesnil en France	i P.

Laisse Champlastreux a main droicte.

Lusarche v. ch.	i P. R.

Ancienne uille, decoree des corps S. Cosme & S. Damian, & de la pierre de taille, que lõ dit de sainct Leu, approchant au marbre blanc d'Italie.

Le Valois.

Le pays & duché de Valois a esté ainsi dict a cause des belles & fertiles vallees de ce pays, ou du nom de Vvalia, l'vn des premiers & plus anciens Roys de France, dont les Haynuyers & Flamens appellent encor les Frācois en leur lāgage Vvalons, n'estoit anciennemēt que conté, maintenāt duché, s'estend iusques en Picardie : & ha pour siege capital Crespy, dict en Valois: Senlis, preuosté & bailliage, auec la Ferté Milon, Villiers coste Rez, Cōpiegne, & plu sieurs autres preuostez & seigneuries qui s'ensuyuēt. La preuosté & bailliage de Sē- lis, a present siege capital de Valois, a enri- chy ladicte duché des seigneuries de Pier- refons, Bethizy, & Verberie: comprenant la preuosté d'Angy, le pont saincte Maxen- ce, Pontgoing, & la Mairie de Brenonuille: encor comprend Compiegne, ressort du- dict bailliage, soubs lequel sont Maigny, Thorette, & la preuosté de Pierrefons. Creil, preuosté dudict ressort, comprend Montataire, & S. Queux, mairies royales, auec la preuosté de Chamblir le hault berger. Pontoise, bailliage, preuosté, vis- conté, & chastelenie des dependences de Senlis, comprend soubs soy Villeneufue le Roy, & l'isle Adam, & oultre ce, le bail- liage de Chaulmont en Picardie, l'accroiss- sement de Maigny, & le bailliage de la Ro- che Guyon. Soubs ceste preuosté de Sen- lis, est semblablement contenue la conté de Beaulmont ſur Oyſe, ancienne chaſtelenie dudiḋ Senlis, comprenant les chaſtelenies de Perſang & Meru, reſſortiſſans par appel audiḋ Beaulmont. Finablement la conté, preuoſté & bailliage de Beauuais, auec la chaſtelenie de Meſſo, & le bailliage de Mouſſy, ſont les iuſtices ſubalternes, & reſſorts dudiḋ bailliage de Senlis, & par conſequent de ladiḋe duché de Valois.

Chemins.

Les chemins de ceſte duché ne ſont fort notables, ſinon entant que concernent les affaires de la iuſtice, police du royaulme & plaiſir des Princes.

A Senlis.

La Villette ſainḋ Ladre	d.	℔.
Le Bourget	i ℔.	d.
Le pont Yblon	d.	℔.
Pren main gauche.		
Vaulx de Relan, *fondriere.*		ii ℔.
Louures en Pariſis b.	i ℔.	R.
Gueſpelle f.	d.	℔.
Sainḋ Ladre m.	d.	℔.
La Chappelle		i ℔.

Le pont Harmé m.　　　　　　　　　　　d. P.
　Boys de haulte fustaye.
Senlis v. e.　　　　　　　　　　　　　i P. g.
Pays boccaigeux qui *a donné le nom* Latin *a la uille* Siluanectū, *par ce qu'elle est entouree de la forest de* Rez.

A Villiers coste Rez.

La Villette　　　　　　　　　　　　　d. P.
Le Bourget　　　　　　　　　　　　　i P. d.
Le pont Yblon　　　　　　　　　　　d. P.
　Pren main dextre.
Le Mesnil madame Rance　　　　　　iii P. d.
Villeneufue soubs Dampmartin　　　　i P.
Dampmartin· v. ch.　　　　　　　　d. P. R.
Follemprinse m.　　　　　　　　　　i P. d.
Perray　　　　　　　　　　　　　　　i P.
Leuignan b.　　　　　　　　　　　　ii P.
Vaulmoise　　　　　　　　　　　　　i P.
Valsienne　　　　　　　　　　　　　i P.
Villiers coste Rez　　　　　　　　　　i P. g.
Chasteau *& seiour royal a costé de la forest de* Rez *dont il retient le nom d'ancièneté, habité des princes a cause du plaisir de la chasse.*

A pont saincte Maixence,
Ou, sainct Maxence.

Senlis v. e. b.　　　　　　　　　　　viii P.

Passe les boys de Senlis.

Sainct Christophle, *en halatte, chappelle sur mõtaigne dans les boys* i P. d.

Pont saincte Maxence v. ch. i P. d. R.

Ceste uille est entouree des marescaiges, & limite la Picardie en cest endroit.

A Compiegne.

Senlis v. e. viii P.
    Boys.
Verberie b. iiii P.

Voy les petits galants qui se laissent rouller du hault d'une colline en bas sans soy blesser, dont sont appelez les tombereaulx de Verberie.

La croix sainct Oyan, *dans les boys radresse de chemin.* ii P.

Cõpiegne, ou Cõpeigne v. ch. ii P. g.

Ceulx du pays, & les Picards prononcent N d'auantaige, & disent Compiengne, uille anciennemẽt dicte Cõpendium, plaisante pour les princes, laquelle passee commence la Picardie de Soissonnois & Laonnois.

A Chantilly.

La Chappelle sainct Denys i P.
Sainct Denys en France v. abb. i P.
Pierre frite, *ou ficte* i P.
Sercelles d. P.
Villiers le bel d. P.

Le Mesnil madame Rance b.   i P. d.
Lusarche v. ch.   i P. R.
Morlaye v.   d. P.
Apres auoir passé l'eaue, pren main dextre, & chemine au trauers des boys.
Chantilly b.   ii P.
Lieu plaisant a monsieur le Connestable, & hanté des princes.

A Creil.

Morlaye v.   vii. P.
Laisse le chemin de Chatilly a main dextre, & pren le droict chemin.
Gouuieulx   i P.
Voy l'un des plus grands estangs de France, & pren main dextre hors la chaussee.
Creil v. ch   ii P.
Preuosté du ressort du bailliage de Senlis.

A Pontoise.

Le plus droict par les ports.
A Monceaulx   i P.
Passe le bac sur Seine.
Asnieres   d. P.
Passe un autre bac sur Seine.
Argenteuil b.   i P.
Pierre laye m.   ii P d.

Pontoise v. ch.   i P. R. ou g.
Apres auoir passé la riuiere d'Oyse sur le pont qui
donne le nom a la uille, lon entre en la Normandie.

A Pontoise.

Sans passer les ports, le plus long.

La Chappelle	i P.
Sainct Denys v. abb.	i P.
Espinay	i P.
La belle estoille	i P.
Franconuille	i P.
Pontoise v. ch.	ii P. g. ou R.

Bailliage, preuosté, uisconté & chastelenie du ressort de Senlis.

A Nantueil le hauldoyn.

La Villette	d. P.
Le Bourget	i P. d.
Le pont Yblon	d. P.

Pren main dextre, pour le plus court.

Le Mesnil madame Rance b.	iii P. d.
Villeneufue, soubs Dampmartin	i P.
Dampmartin v. ch.	d. P. R.
Chilly	ii P.
Nantueil v. ch.	ii P. g.

Conté en pays plaisant & fertile.

A Crespy en Valois.

Nantueil v. ch. xiii P.
Crespy v. ch. ii P.
Ville capitale de la duché de Valois.

La Picardie.

La Picardie, ainsi dicte (par conjecture) a cause que de ce peuple est venu le premier vsage de picques, ainsi que des Lombards les longues iauelines de barde, commence aux fins de la duché de Valois, & au cētre & poinct milieu de la vraye France: suyuant lequel pouons faire deduction de ce pays, a la mer d'Angleterre d'vn costé, & a la haulte mer de Flandre de l'autre. Ce pays est diuisé en trois parties: desquelles l'vne est, la basse: l'autre, la vraye: & la tierce, la haulte Picardie.

La basse Picardie commence au pays de Sangters, ou Samterre, qui est suyuant la Frāce & Valois: vne plaine fertile en bleds, & autres fruicts: enclose entre Montdidier, Perone & Roye: auquel pays adhere d'vn costé la conté de Beauuoisiz: commenceant aux contez de Clermont & Beaumont, dictes en Beauuoisiz: & finisfant a Creuecoeur, iufques ou f'eftend la vidamye d'Amyēs. Apres laquelle fenfuit la cṍté de Ponthieu, comprenāt les contez de Montrueil & fainɛt Paul, lefquelles fuyuent la conté de Guynes, comprenant les barṍnies d'Ardres, Courtembronie, & autres reffortiffans es affizes de Mṍtrueil. Le pays d'Oye, qui eft depuis Ardres & fainɛt Homer, iufques a Grauelines, & Dunquerque en Flandre, la conté de Boulenois, comprenant depuis Bologne fur la mer, iufques a Eftapples, Hadrelo & Calais.

La vraye Picardie commence a Creuecoeur, & comprēd la vidamye d'Amyens, Corbie, Pirqueguy, la conté de Vermandois, foubz laquelle font les pays de Soiffonnois & Laonnois, foubz lequel font les villes de Laon, Crefpy & Creffy, diɛtz en Lanois. Le pays de Tartenois, dont la Fere eft ville principale, cṍprēd encor Noyon, fainɛt Quentin, diɛt en Vermandois, Hen, & autres, la conté de Retelois, fituee entre le pays de Lorraine, & le pays de Barrois: la duché de Thierache, dṍt Guyfe eft principale ville, tenant d'vne part a la conté de Reteil, & l'autre a la duché de Lorraine, & conté de Champaigne.

b.i.

La haulte Picardie commence au del de la riuiere de Somme, afcauoir a la conté d'Arthois, comprenant le Cambrefis & Tournefis : s'eftend iufques a Betune, & l'ifle en Flandre, comprend encor la conté de Haynault, dont les principales villes font, Montz & Valenciennes, conioinctes a la conté de Flandre, par le fleuue de l'Efcault, la conté de Namur, le pays de Treues, la duché de Luxēbourg entre Meuze & Mozelle fur le pays des Ardennes. Cōprend encor la duché de Brabant, dont les villes principales font Louuain, ville capitale, Anuers, Bofleduc, Bruxelles, l'Yre forte ville, & Malines, a laquelle font annexees les contez de Iulliers, Cleues, Cologne, Maiēce, & pays d'Vtrech, qui font des baffes Alemaignes deca le Rhin. Encor eftoit anciennement la conté de Flandre de la haulte Picardie, & conduifoit ce pays iufques a la mer Oceane, dicte la haulte mer de Flandre.

Chemins de la baffe, & vraye Picardie.

Les chemins de cefte partie font notables, pour les ports de mer, pays limitrophes, & voyages des marchans.

A Clermont.

La Chappelle	i	℔.
Sainct Denys en France v.	i	℔.
Pierre fritte, *ou ficte*	i	℔.
Sercelles	d.	℔.
Villers le bel	d.	℔.
Le Mesnil v.	i ℔.	d.

Passe par aupres Champlastreux, a main dextre.

Lusarche v. ch.	i ℔.	R.

Passe le boys, ou fut dangereux passage.

Morlaye v. ch.	d.	℔.
Gouuieux	i ℔.	d.

Estang d'une lieue & demie de long.

Voy le fort de Iules Cesar, qui est sur la montaigne, en allant a sainct Leu de Serans.

Sainct Leu de Serans,   *Passe le bac, ou a Villiers, ou Precy.*   d. ℔.

Voy le sault du cheual de Regnault de Montauban.

Montataire v.	i ℔.

Passe par dehors.

Russelen v.	i ℔. d.

Passe par dehors.

Crambonne v.	i ℔.

Laisse le a costé.

Clermont v. ch.	i ℔. g.

Soubs l'Euesché de Beauuois, & pource dict en Beaunoisiz, a la difference de Clermont en Auuergne.

b.ii.

A Beaumont.

La Chappelle   i P.
Sainct Denys v.   i P.
Pierre fritte, *ou ficte*   i P.
Sainct Brixe   i P.
Moixelles   i P.
Presles   ii P.
Beaumont v.   i P. R.

Passe la riuiere d'Oyse, laquelle passee, commence le Beauuosis.

A Beauuois.

Beaumont v.   viii P. R.
Piseux abb.   ii P.
Saincte Geneuiefue   ii P.
Tillart   i P.
Bescourt   i P.
Vvarluy   i P.
Losne   d. P.
Beauuois v. e.   i P. g.

Conté *& pays de* France.

Par Clermont.

Clermont v.   xiiii P. g.
Airion v.   i P.
Le Maiz   d. P.

Sainct Remy en l'eaue   d. P.
    Passe par dehors, a gauche.
Sainct Iust v. abb.   d. P.
    Passe par dehors.
Danguy   i P.
    Passe par dehors.
Bas   i P.
Beauuois v. e.   d. P. R.
    Assis en croppe de montaigne.   q.

A Creuecoeur.

Beauuois v. e.   xvii P. g.
Villiers soubz sainct Lucian, *au bout des*
    faulxbourgs de Beauuois.   q.
Lesquippee f.   i P.
La Rouge maison f.   i P.
Rotengy   i P.
    Passe par le bout.
Creuecoeur   ii P. g.
Sur hault pays, fin de Beauuoisin, & commencement
de la vraye Picardie.

A Amyens.
    Le plus droict.

Clermõt en Beauuoisiz v. ch.   xiiii P. g.
Sainct Iust   iiii P.
    Passe par dehors.

                b.iii.

Bretueil v. abb.   iiii P. R.
Le Quesnoy v. pr.   d. P.
    Passe par dehors, & pren main dextre.
Montagalay   i P.
    Laisse Boureil a main gauche.
Flaiz   i P. d.
Sainct Sanlieu   i P.
    Passe par dehors, & laisse le uillage a gauche.
Le Dieu de pitié   i P. d.
Haulcourt   d. P.
    Passe le boys de Duoy.
Dury   i P.
Amyens   i P. g.
    Ville, Eueschè, du ressort de Paris.

Par Creuecoeur.

Creuecoeur   g.
    Passe la forest.
Cattay   i P.
Fontaines   d. P.
    Voy force fontaines en ce pays.
Bouuerne   d. P.
Croissy   d. P.
L'escau   d. P.
Tilloe   ii P.
Capegneulle, *autrefois passage perilleux* i P. d.
Amyens v. e.   iii P.

La riuiere de Somme paſſe en cinq ou ſix endroicts de la uille. Voy la belle & claire egliſe, & les beaulx tableaux des yrelles.

A Montreul par Amyens.

Amyens v. e.	xxviii P.
Sainct Ouyn v. ch.	ii P. d.
Donqueurre	ii P. R.
Yuran v.	ii P.
Noyelles en chaulſes	i P.
Pouches	ii P. d.
Domoire	i P. d. g.
Paſſe la riuiere d'Aultye.	
Bures le ſecques	i P. d.
Paſſe par dehors.	
Montreul	ii P. d.

Conté, uille, deſtruicte des guerres: aſſiſe en croppe de montaigne: ainſi dicte, par coniecture, pour mont royal. Le plus droict chemin eſt par Abbeuille.

A Terouenne.

Montreul	iii I. d.
Nemulle	q.

Fin de France, & commencement de Boullenois par la riuiere de Hedin.

Sampy v.	i P. d.
Sainct Michel v.	i. P.

Humber g v.   d. P.
Fax v.   i P.
Renty   d. P.
Foquemberg   i P.
Terouenne v. ch. e.   iii P.
Ainsi nōmee, pour l'inutilité du terrouer d'alentour, comme terre uaine.

A Bologne sur la mer.

Montrueil v. ch.   iii I. d.
Passe la riuiere de Hedin, qui de la se rend a la mer.
Le bac d'Atin sur Hedin   d. P.
Brecsen v.   d. P.
Fren v. ch.   ii P.
Neufchastel v.   ii P. g.
Socquel, *soubz la forest de Hadrelo*   i P.
Le pont de bricque, *Passe la riuiere*   i P.
Bologne v. ch.   i P. R.
Diuisee en deux : dont l'une est la haulte, sur croppe de montaigne : l'autre separee d'icelle, dicte la basse conté : les murailles de laquelle, ou bien pres, bat la grand mer.

A Calais.

Bologne v. ch.   iiii I. d.
Marquise v.   iii P. d. g.

Calais v. ch.   iii. P. d.
ville forte contre les murailles, de laquelle bat la mer d'un costé, & peult on de la en temps serain veoir l'autre bord & queue d'Angleterre.

A Soissons.

La Villette	i	P.
Le Bourget.	i	P.
Le pont Yblon	d	P.

   Pren main dextre.

Le Mesnil madame Rance v.	iii.	P.	d.
Villeneufue soubz Dampmartin		i	P.
Dampmartin en Goelle v. ch.	i	P.	R.
Follemprinse m.	i.	P.	d.
Nantueil le haultdoyn v.	i.	P.	d.
Peray		i	P.
Luignan		i	P.
Vaumoise		i	P.
Vaulsienne		i	P.
Villiers costerets v. ch.	i	P.	g.

   Passe la forest de Rez.

Le sault du cerf.	ii	P.	d.

   Passage perilleux au milieu de la forest.

Cranencon f.	i	P.	d.
Soissons v. e.	i	P.	d.

   Assize sur la riuiere d'Esne.

A Laon.

Soiſſons   I. d.
Crouy   d. ℞.
    Monte la montaigne.
Le petit Frety   ii ℞. d.
Le grand Frety   d. ℞.
Chauignon   i ℞.
    Deualle la montaigne.
Vrſay   i ℞. R.
Eſtouuelle   i ℞.
Chiuy   d. ℞.
Seuilly, *au pied du mont.*   i ℞.
Laon v. e.   d. ℞. g.

Duché & pairie de Fráce dicte en Laonnois ville aſſize au ſommet de montaigne.

A la Fere en Picardie.

Soiſſons v. e.   I. d.
Villeneufue   i ℞. d.
    Monte la montaigne.
Creſſy en Laonnois v.   ii ℞. d.
Nogent   d. ℞.
Coucy le chaſteau   d. ℞.
Fourdrain v.   ii ℞.
La Fere v. ch.   i ℞. d. g.

A Nesle.

La Villete   i P.
Le Bourget   i P.
Le pont Yblon   i P. d.
    Pren main gauche.
Vaulx de Relan en fou.   ii P.
Louures en parisis v.   i P. R.
Guespelle f.   d. P.
Sainct Ladre m.   d. P.
La chappelle   i P.
Le pont Harmet   d. P.
Senlis v. e.   d. P. g.
    Passe le boys.
Verberie   iiii P.
    Voy les tombereaulx.
La croix sainct Oyan dans les boys   ii P.
Compiegne v. ch. b.   ii P. R.
    Pren main gauche.
Messicoul   ii P.
Dine   ii P.
Lagny lez chastigny   i P. d.
Beaulieu b.   i P.
Nesle v. ch.   ii P. g.
Marquisat sur la riuiere de Ygnon du bailliage sainct Quentin.

A Noyon.

Senlis, *au chemin cy dessus escript*   x. P. g.
Malegeneste, *dans les boys.*   f.   ii P.
Villers S. Framboult, *hors les boys.*   d. P.
Passe par le bout du village, & pren main dextre.
Villeneufue p.   i P.
Passage fascheux en temps de fange, auquel temps le fault laisser a gauche.
La ville, *prieuré de Villeneufue.*   q.
Verberie. v.   i P.
  Passe par les boys de Compiegne.
La croix S. Oyan, *au milieu des boys*   ii P.
La iustice & moulin a vent de Cōpiegne, qu'il fault laisser a main gauche   ii P.
Le bac a Choisy, *sur la riuiere d'Esne.*   i P. R.
Le Plessis bryon   d. P.
Le petit bac a Bery, *sur la riuiere d'Oyse*   i P.
Le moulin a vent de Risbecourt   d. P.
Voy les buttes Rolād: passe le long des hayes de Risbecourt, & laisse a main dextre: & se botte pour le mauuais chemin en yuer.
La gaillardise   q.
Chiry la vallee   d. P.
Le Passet   q.
Mont Regnault a gauche   abb.   q.
Noyon v. e.   d. P. g.
  Pairie de France.

A Hen.

Noyon ii l.
   Paſſe les tailliz.
Le Magny, *mauuais chemin en yuer* ii P.
Goulamcourt i P.
Hen d. P.
Voy *la chappelle des Anglois, & les ueſtiges de leur camp ſur mareſcaiſe.*

A ſainct Quentin.

Hen v. ch. ii l.
Leſquippee, *plat pays* ii P.
Sainct Quentin v. ch. vii P. R.

Par la Fere.

La Fere ii l.
Trouay ii P.
Blammont v. P. g.
Sainct Quentin v. ch. iiii P. g.
Principale uille de Vermandois.

A Guyſe en Tierache.

Noyon v. e. ii l.
Baben i P. d.
Paſſe par le bout des hayes du uillage, & le laiſſe a gauche.

Vvarcipont   d. P.
Marez   i P.
Oigne   i P.
La briqueterie & faulxbourg de Chanlay
   d. P. R.
Viry   i P.
La croix de boys, sur le grād chemin   d. P.
Pren main gauche, peu plus auant que ladicte croix.
Vouay   d. P.
Passe le bout du uillage, & le laisse a gauche.
Quessy   d. P.
Le Barmont f.   i P.
Le Bandueil   i P. g.
Mauuais chemin en yuer dans les uillages & aupres, parquoy ne fault passer qu'en temps d'esté en ceulx qui s'ensuyuent.
Mouy   i P.
Passe la motte au dessus, le long des uignes.
Alaincourt   d. P.
Le long du uillage.
Bertegny   q.
Par les hayes.
Mesieres sur Oyse   d. P.
Cery.   d. P.
Passe la chaussee & riuiere d'Aise, fort mauuais chemin en yuer.
Ribesmont v. ch. conté   q. R.
Lucy b.   d. P.

Rebatu f.   d. P.
Courtiumelle f.
Guyse v. ch.   ii P.

Par Laon.

Laon   iii I.
S. Marcel, *au pied du mont.*
Aulnoy ch.   i P.
Chery en Lanois   i P.
   Passe deux ponceaulx sur les marches de Vinoise.
Crecy sur Serre b.   d. P.
Pagny   d. P.
Bony   ii P.
Bretaigne   ii P. R.
   Laisse Bretaigne, monte a gauche.
Le Buquoy f.   i P.
Guyse v. ch.   i P.
   Duché en Tierarche soubz l'Euesché de Laon.

Chemins de la haulte Picardie.

A Roye.

Senlis v. ch.   i I.
   Passe les boys.
S. Christofle dans les boys   i P. d.
Pont saincte Maxence v. ch.   i P. d.
   Marescaiges.

Gournay v. ch.   v. P. g.
Arson sur mare   ii P.
Roye v. ch.   iii P.

A Peronne.

Roye v. ch.   xxi P.
Nesle v.   ii P.
   Passe les boys de Nesle a costé.
Licourt v.   ii P.
Peronne v. ch.   iii P. g.
   Sur la riuiere de Somme.

A Cambray.

Le plus court par Peronne, & de la y a sept lieues.

Par Hen.

   Descends la uallee.
Monchy la gasse v.   iii P.
Hencourt   i P.
Rosy v.   i P. R.
Espehy v.   ii P.
Villerguillam v.   i P.
   Dernier uillage de France, partit Artois & l'aboutissant en Cambresis.
Magneres   ii P.
Cambray v. c.   ii P. g.

Ville neutre sur l'Escault. Voy le chasteau de Casticambray, a plateforme du costé de France, faict par l'Empereur Charles cinquiesme.

A Arras.

Hen v. ch.   xxv P.
Bapasme v. ch.   iiii P. R.
Arras v. e.   iiii. g.

Par Amyens.

Amyens v. e.   xxviii P.
Villiers le bocage   iii P.
Paz d'Aultye   iii P. R.
    Passe le pont sur Aultye.
Paz en Artois   ii P.
Basec   ii P.
    Le boys de Basec, passage perilleux.
Arras v. e.   iiii P. g.

A Betune.

Amyens v. e.   xxviii P.
Poulainuille   d. P.
    Passe par dehors a main dextre.
Oruille v.   d. P.
Saincte Marguerite   ii P.
    Humbercourt, chasteau, a main gauche.
Aulbigny b.   ii P. R.
                                             c.i.

Estree v.   iii P.
Betuné v.   iiii P. g.

A l'Isle en Flandre.

Betune v.   xli P.
Buuery   i P.
Violaine   i P.
Orchie, *a costé*   d. P.
La Basse v.   i P. R.
Hault Bourdin v.   iii P.
L'isle v. ch.   iii P. g.
Pays limitrophe.

A Louuain.

Ville capitale de Brabant.

Bruxelles, *cy apres.*   lxx P.
Louuain v.   iiii P.

A Gand en Flandre.

L'isle   xviii P.
Le Pontruncard   ii P.
Courtray v.   ii P. d.
Paintinguem v.   iii P. R.
Passe hors la uille la riuiere de Liz, uenãt de Hainault
Gand v. ch. e.   iiii P. g.

A Valencienne.

Peronne v. ch.   iii P.
Cambray v. e.   viii P. R.
Hapre b.   iiii P.

Valencienne v. ch.   iii P.
Pays de Vuallon, non comprins soubs le Haynuyer,
  sur la riuiere de l'Escault.

A Montz en Haynault.

Valencienne v.   iiii I.
Bossu v. ch.   iiii P. R.
Montz v. ch.   iii P. g.
  Ville capitale de Haynault.

A Bruxelles en r abant.

Montz en Haynault   v I.
La Genette f.   v P. R.
Bresme v. ch.   ii P.
Bruxelles v.   iii P. g.

A Malines en Brabant.

Bruxelles v.
Villeuorden v. ch.   ii P.
Lieu ou l'Empereur met ses prisonniers, comme Lo-
  ches en France.
Malines v. ch.   ii P. R.
  La mer uogue iusques audict lieu.

A Anuers en Brabant.

Malines v. ch.   v I.
Vvalen   i P.
  Passe le bac.
Anuers v. ch.   iii P.
  La mer costoye les murailles.

c.ii.

Le Heurepoix.

Le Heurepoix commence a la riuiere de Seine, soubz le petit pont, & se continue le long de ladicte riuiere iusques a Corbeil & Melun, puis de la iusques a Moret, pres duquel lieu la riuiere de Verine entrant dãs le Loing, venãt des endroicts de sainct Maurice, separe ledict pays d'auec le Gastinois: adhere a la Brye vers saincte Colõbe la grãde, pres Sens. Cõprend le viscõté & bailliage de Melun, ancien ressort dudict pays, & principale ville d'iceluy.

Chemins.

Les chemins de cette region, sont pour la plus part comprins soubs la preuosté & viscõté de Paris, & n'y reste cy que Melun, & Fontaine belleau, desquelz l'vn est famé, a cause de la frequentation des Roys de France: l'autre, a cause de l'antiquité.

A Melun.

Le pont Charenton b.		i. P. d.
Villeneufue sainct George b.	ii P.	d. R.

Paſſe au trauers de la foreſt de Senac : ou ſi tu ueuls
euiter le boys, pren main gauche a la croix Royer,
autrefois dangereux paſſage.

Lourſain   iii P.
Melun v. ch.   iii P. /g.
Ville ancienne du temps de Ceſar, que d'aucuns di-
ſent auoir eſté nommee Is ou Iſis, & tiennent que
Paris & le Pariſis ont eſté nommez, pource que la
ſituation & forme de la uille de Paris, ſe trouue
ſemblable a celle de Melun.

A Fontaine belleau par Corbeil.

Pour euiter la foreſt, le plus long.

Villeiuiſue   ii P.
La Saulſaye p. f.   q.
Le lõg boyau, plaine fertile, cõme une petite beauſſe.
Iuſtuiſy, ou Iuuiſy   iii P.
Paſſe la riuiere d'Orge.
Ris   q. P.
Corbeil ou Eſſone v. ch.   i P. d. R.
Le Pleſſiz   i P.
Pren main gauche, & laiſſe le chemin de Lyon.
Pontierry   i P.
La foreſt de Biere
Aucuns prénent dudict Põtierry a Chailly, ou lõ cõ-
pte trois lieues, & deux iuſques a Fõtaine belleau,
qui me ſemble le plus court, & le moins ennuyeux.

Les haultes Loges iii P. g.
  Laisse les a main gauche.
Fontaine belleau, ou belland ii P.
Maison Royale, anciennement habitee du Roy sainct Loys, depuis par un Roy Philippe : & dernieremēt par François de Vallois : a raison de la solitude & pays de requoy en temps d'affaires.

Par le boys.

Le plus court.

Melun v. ch. x P.
  Laisse les haultes Loges a main gauche.
Fontaine belleau ch. ii P.

A sainct Germain en Laye.

Le Roolle q. P.
Le port de Nully b. i P. d.
Passe le bac en deux endroicts, ou pour euiter les ports, pren sainct Cloud.
Le port de Chatoul ii P.
Le port au pec i P.
Sainct Germain en Laye b. ch. q. P.
Chasteau Royal sur montaigne, habité des Roys de France, a raison de la salubrité de l'air.

La Brye.

Au pays de Heurepoix adhere la Brye d'vn cofté, ancienne conté annexee a celle de Chāpaigne, ainfi nommee, pource que oultre la fertilité, ce pays eft fi plaifant & commode, que partant en tēps des pluyes & chaleurs, lon fe peult mettre a l'abry, a caufe de la multitude des arbres fruictiers qu'il contient : en quoy il excede la Champaigne : combien qu'aucuns tiennent, que ce nom foit diminué de Sicambrye, a caufe des premiers habitans de ce pays, qui furent Sicambryēs ou Cimbres : ce qui me femble eftre cherché de bien loing. Autres fouftiennent, que par les anciens tiltres ce pays f'appeloit Braye, par ce que comme vne longue ifle, ou chauffee il eft pofé entre les fleuues de Marne & Seine. Ce pays commence a Creteil, petit village pres Charenton : & dit lon, que la difionction des deux fleuues, Marne & Seine, audict lieu de Charenton, fait la feparation des pays de Champaigne du cofté de Marne & de Gaftinois hors la Seine, en forte que ce qui eft entre lefdicts deux fleuues, eft appelé la Brye : le nom de laquelle, retient encor pour le iourdhuy la ville & chasteau de Brye, ou Bray conte Robert, autrement dict Labry, pour heberge, ou seiour au conte Robert, qui de ce temps en estoit seigneur. S'estend ladicte Brye iusques a la duché de Bourgongne, du costé de l'Archeuesché de Sens, laquelle, auec la ville de Pontz, est d'icelle Brye: comprend encor du costé de la Champaigne, Meaulx, preuosté, visconté, & siege capital du bailliage de Nogēt sur Seine, Prouins, & autres villes, iusques a Sedane.

Chemins.

La conté de Brye annexee a celle de Champaigne, ha chemins notables pour marchandises, viures, & discours de pays a autre, entant que par icelle lon entre en la Champaigne & en la Bourgongne.

A Brye conte Robert.

Charenton	ii l.
Commencement de la Brye.	
Creteil	i l.
Boissy	i l.
La vallee de Gros boys	i l.

Brye conte Robert v. ch.   i ℔. R.
Ancien tiltre de la Brye, dict pour la Braye, ou Labry au conte.

A Montereau fault Yonne.

Brye conte Robert v. ch.   vi ℔.
Eury ch.   i ℔. d.
Limoges   i ℔.
Sainct Germain   i ℔.
Suiry b.   ii ℔. R.
Chastelet   i ℔.
Valence   ii ℔.
Montereau, *ou fault Yonne.* v. ch. ii ℔. g.
Aucuns le nomment fourq d'Yonne, pource que la riuiere d'Yonne en ce lieu fait le fourchon, & depart la Brye & la Bourgongne: autres la noment, ou fault Yonne.
Il y a un autre chemin par Melun & Moret.

A Lagny sur Marne.

La Pissotte   i ℔.
Gournay p.   iii ℔.
Pomponne, *ou est saincte Venisse*   ii ℔. d.
Laigny v. ch. abb. & conté   q.

A Meaulx.

Pentin   ii ℔.

Bondiz ii P.
L'ermitage de Liury abb.
Ville parify. i P.
 Boys.
Claye b. ii P. R.
Meaulx fur Marne v. e. iiii P. g.
Voy le beau marché, comme fortereffe entourée de la riuiere de Marne: de laquelle, partie eft de la Brye, & le refte de Vallois.

Autre chemin.

Plus plaifant, mais plus long.

La piffotte i P.
Gournay iii P.
 Laiffe a main dextre.
Laigny fur Marne v. ch. ii P. R.
Trillebardou iii P.
Meaulx v. e. ii P. g.

A Sens.

Le pont Charenton ii P.
Villeneufue fainct George ii P. R.
 Foreft de Senac.
Lourfaing iii P.
Melun v. ch. iii P. g.
Les haultes Loges ii P.
Les baffes Loges ii P.
 Fontaine belleau a cofté fur main droicte.

Moret v. ii P. R.
Fouſſart b. ii P.
Villeneufue la guyart. b. ii P. g.
La maladerie de Chaulmont i P.
 Paſſe par le bout.
Champigny i. P.
La Chappelle d. P.
Ville manoche d. P.
Pont ſur Yonne, paſſe le bac. b. d. P.
Sainct Denys ii P.
Saincte Colombe la grande d. P.
Sens v. arch. d. P. R.

Sens dicte ſans Bourgongne, pource que cõbien qu'elle tienne de Bourgongne, touteſſois elle eſt de la Brye: ancien ſiege des Senonois ſur la riuiere d'Yonne. Voy hors la uille les anciẽs repaires de Iule Ceſar, & a la porte d'Yõne une maiſon, qui ha pour tiltre Carcer Cæſaris.

A Sens, en temps d'yuer.

Le plus ſec, & plus deſcouuert.
Villeiuifue. i P.
 Le long Boyau.
Iuſtuiſy iii P.
Ris i P.
Eſſone, ou Corbeil ii P. R.
Le Pleſſiz i P.
 Pren main gauche, & laiſſe le chemin de Lyon.

Pontierry i P.
La forest de Biere.
Les haultes Loges iii P.
Les basses Loges ii P.
Moret v. ch. ii P. g.
Fontaine belleau ii P.
A costé sur main dextre.
Villeneufue la guyart b. ii P.
Champigny b. i P.
La Chappelle d. P.
Villemanoche d. P.
Pont sur Yonne b. d. P. R.
Passe le bac.
Sainct Denys i P.
Saincte Colombe la grande d. P.
Sens sur Yonne v. arch. i P. d.

A Sens par Montereau.
Le plus beau & plus court pour la Brye.
Charenton ii P.
La Brye commence.
Creteil i P.
Boissy i P.
La vallee de Gros boys i P.
Brye conte Robert v. ch. i P. R.
Esuery i P. d.
Limoges i P.
Sainct Germain i P.

Suiry	ii ł.	g.
Chastelay	i ł.	
Valence	ii ł.	
Montereau fault Yonne v. ch.	ii ł.	R.
Monte la montaigne.		
Cannes	i ł.	
Villeneufue la guyart b.	i ł.	d.
La maladerie de Chaulmont	i ł.	
Passe par le bout.		
Champigny b.	i ł.	
La Chappelle	d. ł.	
Villemanoche	d. ł.	
Pont sur Yonne b.	d. ł.	g.
Passe le bac.		
Sainct Denys	ii ł.	
Saincte Colombe la grande	d. ł.	
Sens v. arch.	d. ł.	

A Sedane, ou Sezanne.

La pissotte	i ł.	
Fontenay sur le boys	i ł.	
Le pont de Gournay	ii ł.	
Pomponne	i ł.	
Laigny sur Marne v.	q.	R.
Cechy	i ł.	
Couilly	ii ł.	
Cressy v.	i ł.	
Va selon les fossez, & loge a la Chappelle.	q.	

Sainct Blandin   d. P.
Pomeuse   i P. d.
  Passe le pont.
Sainct Auguſtin   d. P.
  Colommiers en fin de uallee, à main gauche.
Chailly   i P. d.
Sainct Remy, *a main gauche*   i P. d.
La Ferté gaucher   i P. d. R.
  Paſſe des hameaulx.
Muneret   ii P.
Treſou b.   i P.
Champ Guyon   i P.
La Noue   i P.
  Paſſe a coſté du Bocquet.
Sedane, ou Sezane v. ch.   ii P. g.
Vne ſeule fontaine en la uille, fait mouldre pluſieurs
  moulins, mais ils ne tournent en eſté.

A Prouins.

Charenton   ii P.
Boiſſy   iii P. R.
La vallee de Gros boys   i P.
Bry conte Robert   i P.
Suynes b.   i P.
Guigne putain b.   ii P. g.
Mormand   ii P.
Grand puys ch.   ii P.

La Bretauche, dicte autrement la maison rouge, ioignant le chastel. ii P.
Nangis v. ch. d. P.
Rampillon ii P.
Velaine i P.
Prouins v. ch. ii P. g.
Ancienne ville du temps de Cesar, ou y apparoist vestige de chasteau edifié par ledict Cesar, & encor d'autres tours de Gannes. Et est dicte Agēdicū.

A Nogent sur Seine.

Prouins xviii P.
Sainct Ordin, forest i P.
La queue au boy i P.
S. Merian abb. i P.
Nogent v. ch. i P.

A Villeneufue le Roy.

Sens v. ch. arch. xxvii P.
Veron en plaine ii P.
Voy la belle fontaine qui fait mouldre deux moulins, & a un traict d'arc de la, l'eaue se perd.
Villeneufue le Roy v. i P.
Bailliage & ressort de Sens.

A chasteau Tierry.

Pentin I P.

Bondiz i P.
 Forest.
Liury abb. i P.
Villeparisy i P.
 Boys.
Cloye b. ii P. R.
Meaulx sur Marne v. e. iiii P. g.
Trilleport i P.
 Passe le bac sur Marne.
Sainct Iean des deux iumeaulx, *uallee* i P.
 Passe le bac sur Marne.
La ferté au Col, *dicte soubz Iouerre: a cause d'une abbaye de dames qui est a demie lieue au dessus de ladicte Ferté* ii P. R.
Lusancy, *port sur Marne, passe bateau.* i P.
Drachy i P.
Charly i P.
 Monte.
Le mont de Gournay v. i P. d.
 Descends.
Essone v. i P.
Chasteau Tierry, *sur Marne.* v. ch. q.
Preuosté, *& siege presidial, du bailliage de Vittry en Pertois.*

A la Ferté Milon.

Pentin i P.

Bondiz . i P.
   Boccage.
Liury . i P.
Villeparify . i P.
   Boys.
Claye b. ii P. R.
Meaulx fur Marne v. e. iiii P. g.
Trilleport i P.
   Paſſe le bac ſur Marne.
Sainct Iean des deux iumeaulx i P.
   Remonte la montaigne de Creſſy.
Creſſy en Brye i P.
Le bac du Fay, *ſur Marne* d. P.
La Chappelle foubz Creſſy, *pres le bac* d. P.
La Ferté Milon d. P.
Sur la riuiere de Heigneul, qui fait le depart de Brye & Champaigne.

A la Ferté foubz Iouerre.

Pentin i P.
Bondiz i P.
   Boccage.
Liury i P.
Villeparify i P.
   Boys.
Claye b. ii P. R.
Meaulx fur Marne v. e. iiii P.
   d.i.

Trilleport i l.
Passe le bac sur Marne.
S. Iean des deux iumeaulx, *Vallee* i l.
La Ferté soubs Iouerre v. ch. ii l. g.
Au b.us du col ou colline de Iouerre : dont on l'appelle la Ferté au col.

La conté de Champaigne, & pays adiacens.

La Champaigne de France, dicte a raison de la plaine fertile du pays, ainsi que le pays de Naples fut anciennemẽt nommé champaigne des Romains, se continue a la Brye selon la riuiere d'Auge, aux villages de Lintes, & l'Intelles : a la duché de Bourgongne, vers la riuiere d'Yonne : a la conté de Charolois vers Langres : a la duché de Lorraine, vers Reims & Chaalons. Lesquelles touteffois, ascauoir Reims & Langres s'appellent villes enclauees, non subiectes a ladicte conté.

La conté de Iuigny termine la Champaigne d'auec la Bourgongne. Et au surplus adhere d'vne part aux Senenois : ha pour principale ville Iuigny, qui est du ressort du bailliage de Troye.

Bassigny, ainsi nómé, pource qu'il fait

la baſſe Champaigne, plus arrouſé d'eaues que le reſte de ce pays, comprēd le bailliage de Chaulmont, dict en Baſſigny, qui luy eſt ville principale: adhere a la Lorraine & a la Franche conté, ou haulte Bourgongne: contenant Langres, Montigny, Coeffy, Nogent le roy, Monteſcler, Andelau, Riſnay, Choiſeul, Viſnorry, & Cleſmont, tous lieux de fortereſſes.

Le pays de Vallage adhere au Baſſigny, & nommé a cauſe des belles vallees, & fertiles de ce pays, contient Vaſſy ſur Bloiſe, ſainct Diſier, Iainuille, Montirandel, Dontleuāt, le Chaſteau aux forges, Eſclarron, & autres. Tient d'vne part au Pertois, & d'autre au Barrois.

La haulte Champaigne, qui eſt veritablement le pays de Pertois, tient ſon nom d'vn lieu audict pays, appelé Perte: & adhere au pays de Lorraine & Vallage, iuſques a ſainct Diſier, comprenant Argilliers, Lafaincourt, Louuemont, & Vittry, bailliage & ville principale dudict Pertois.

Chemins.

En ce pays y a chemins notables, adreſſans aux pays limitrophes de Frāce, & cōduifans aux autres regions, tant pour les foires, que autres negoces.

A Troye.

Le pont Charenton	ii	P.
Creteil	i	P.
Boiſſy	iii	P.
La vallee de Gros boys, *ou iadis faiſoit dange-reux paſſer*	i	P.
Brye conte Robert v. ch.	i	P. R.
Suynes	i	P.
Guigne putain b.	ii	P.
Mormand	i	P.
Grand puys	ii	P.
La maiſon rouge	i	P. g.
Nangis, *il le fault laiſſer a main dextre*	i	P.
Boys.		
Rampillon	ii	P.
Velaine	i	P.
Prouins v. ch.	ii	P. R.
Sainct Ordim, *foreſt*	i	P.
La Queue au boys	i	P.
Sainct Merian	i	P.
Nogent ſur Seine	i	P. g.
Sainct Aulbin	i	P.
Le Paraclyt, monaſtere, a main dextre.		
Les trois maiſons	iiii	P. R.
Le Pauillon	iii	P.

53

Troye v. e. iiii ₽. g.
Ville fertile & marchande, situee en plaine, arrousee d'un ruisseau de Seine, donāt usage aux papetiers. de laquelle en passent plusieurs ruisseaulx dedans la ville, mais elle ne porte grands basteaulx: & bien peu au dessus de Troye elle cōmence a porter

A Iainuille par Chaalons.

Pentin   i ₽.
Bondiz   i ₽.
  Boccage.
Liury   i ₽.
Villeparisy   Boys   i ₽.
Claye b.   ii ₽. R.
Meaulx sur Marne v. e.   iiii ₽. g.
Trilleport   i ₽.
  Passe le bac sur Marne.
S. Iean des deux iumeaulx, vallee   i ₽.
La Ferté au col, dicte soubs Iouerre, sur montaigne   ii ₽.
Lusancy, port sur Marne   i ₽. R.
  Passe le basteau.
Drachy   i ₽.
Charly   i ₽.
  Monte.
Le mont de Gournay v.   i ₽. d.
  Descends.
Essone v.   i ₽.

d.iii.

Chasteau Tierry, sur Marne v. ch.   i P. g.
La Ferté Gaucher   ii P.
Dormans   iii P. R.
Espernay v.   iiii P. g.
Iallon   ii P.
Mattougue   ii P.
Pluuot   ii P.
Chaalons, sur Marne   iii P. R.
Sainct Germain   ii P.
Is pres, sur Marne   i P.
La chausse poigny b.   i P. g.
Gozon   i P.
Vittry en Pertois v.   iii P. R.
Vittry la bruslee   i P.
Brueil   i P.
Treblemont   i P.
Dataurny b.   i P.
Perte en Pertois   i P. g.
Vvaulqueuille   i P.
Haillenaycourt   i P.
Sainct Disier   i P.
Roche   ii P. R.
Buruille   i P.
Iainuille v.   d. P. g.

A Iainuille par Troye.

Le plus beau, mais fascheux a tenir depuis Troye.

Le pont Charenton   ii P.

Creteil i ℔.
Boiſſy iii ℔. R.
Brye conte Robert v. ch. ii ℔.
Suynes i ℔.
Guygne putain ii ℔. g.
Mormans i ℔.
Grand puys ii ℔.
La maiſon rouge i ℔.
Nangy i ℔. R.
   Boys.
Rampillon ii ℔.
Velaine i ℔.
Prouins v. ch. ii ℔. g.
   Foreſt.
Sainct Ordim ii ℔.
Saincte Meriane ii ℔.
Nogent ſur Seine i ℔. R.
Sainct Aulbin i ℔.
Le Paraclyt, *a coſté*.
Les trois maiſons iiii ℔. g.
Le Pauillon iii ℔.
Troye iiii ℔. R.
Le pont ſur Aulbe d. ℔.
Crecaly i ℔.
Boy ii ℔. g.
Sauſſiere i ℔.
Onion ii ℔.
Les Montz ii ℔. R.

d.iiii.

Valentigny . . . . ii P.
Boulaincourt abb. . . . . ii P.
Longueuille . . . . i P.
Montirandel abb. . . . . ii P. g.
   Boys d'usage, en la forest du Roy.
Bailly aux forges . . . . ii P.
Raygecourt, *sur Baise* . . . . i P.
Nommescourt . . . . ii P.
   Boys, dict Le default.
Iainuille v. . . . . i P. g.

A Iainuille par Sedane.

Le plus court, & plus droict, mauuais a tenir.

La Pissotte . . . . i P.
Fontenay, *sur le boys* . . . . i P.
Le pont de Gournay . . . . ii P.
Pomponne . . . . i P.
Laigny, *sur Marne* . . . . q. R.
Cechy . . . . i P.
Couilly . . . . ii P.
Cressy . . . . ii P.
   Va selon les fossez, & loge à la Chappelle q. g.
Sainct Blandin . . . . d. R.
Plommeuse . . . . i P. d.
   Passe le pont.
Sainct Augustin . . . . d. P.
   Coulemiers en fond de uallee, a main gauche.

57

Chailly	i P.	d.
Sainct Remy, *a main gauche*	i P.	d.
La Ferté gaucher	i P. d.	R.
Passe des Hameaulx.		
Macrot	ii P.	
Trefou b.	i P.	
Champignon	i P.	
La Noue	i P.	
Passe a costé du Bocquet.		
Sedane v. ch.	ii P.	g.
Pleurs	iii P.	
Nostre Dame de Courray	i P.	
Garganson	i P.	R.
Semoyne	i P.	
Mailly	ii P.	
Saincte Compaigne Egyptiēne	iiii P.	g.
Corbat	d. P.	
Passe le bout du uillage.		
Margery	i P.	d.
Chacheraicourt	i P.	
Ionquereul	i P.	
Droye	i P.	
Montirandel	i P.	R.
Rebermagau	i P.	
Passe le boys d'usage.		
Villambesois	ii P.	
Morancourt	i P.	
Passe le boys de Guyse.		

Iainuille, *ou* Iointuille v. ch. ii ℔.
Baronnie, *anciennement appelee La fontaine de blá-
che roche, erigee par Euſtace de Bolongne, qui eſ-
pouſa Idam, ſeur de Godefroy Struma, dict au
gros col: de laquelle il eut Godefroy de Buillon, qui
fut duc de Lorraine: Euſtace, qui fut conte de Boulenois: & Guillaume, qui eut la ſeigneurie de
Iainuille, pour lors erigee en Baronnie.*

A Chaalons.

Pentin   i ℔.
Bondiz   i ℔.
    Boccage.
Liury   i ℔.
Villepariſy   i ℔.
    Boys.
Claye b.   ii ℔. R.
Meaulx, *ſur Marne* v. e.   iiii ℔. g.
Trilleport   i ℔.
    Paſſe le bac ſur Marne.
Sainct Iean des deux iumeaulx, *uallee*   i ℔.
La Ferté au col, *dicte ſoubs Iouerre, qui eſt une re-
ligion.*   ii ℔.
Luſancy, *port ſur Marne*   i ℔. R.
    Paſſe le baſteau.

Drachy i P.
Charly i P.
   Monte.
Le mont de Gournay v. i P. d.
   Defcends roide.
Eſſone v. i P.
Chaſteau Tierry, *ſur Marne.* v. ch. i P. g.
La Ferté gaucher ii P.
Dormans v. iii P.
Eſpernay v. iiii P. R.
Iallon ii P.
Mattougue ii P.
Pluuot ii P.
Chaalons ſur Marne, *uille, eueſché, coté, & pair de France.* iii P. g.

Ville forte en plat pays, beaulx clochers a poinctes d'eſguilles, ancienne & renommee de la bataille contre Atila, marchāde en grains & toiles, arrouſee de la riuiere de Marne. Anciennement dicte Catalaunum.

A Reims le plus droict.

Pentin i P.
Bondiz i P.
Liury i P.
Villepariſy ii P.
Claye, *pren chemin a main gauche pres la maladerie.* b. i P. R.

Villeroye   ii ℔.
  Paſſe des plaſtrieres.
Le Guay a treſme, *petit ruiſſeau.*   iiii ℔.
Liſy ſur Ourq   b.   i ℔. g.
Coulon, *Paſſe a coſté.*   v.   ii ℔.
Gandelu   i ℔.
Haülteneſmes   i ℔.
  Paſſe au pres uers les fontaines.
Chommelan   ii ℔.
La croix   ii ℔. R.
Paſſe un petit moulin, faiſant le commencement de la riuiere d'Ourq.
Vvalay   i ℔. d.
Saponnay   i ℔.
Fere en Tartenois   b.   ch.   i ℔. g.
  A monſeigneur le Conneſtable.
Neſle   i ℔.
Cohan   i ℔.
Igny   abb.   i ℔.
Lagery   i ℔.
Tramery   i ℔.
  Monte la montaigne.
Vvrigny, *deſcente.*   ii ℔.
  Paſſe les uignes.
Reims, *duché & pairie de Fráce.* y. arch. ii ℔.

Par Laon le plus beau.

Laon en Picardie   ii I.

Festu	ii	₽.
Corbeny	iii	₽. R.
Bac au Bery, *sur Oyse*.	ii	₽.
Reims	iiii	₽. g.

Ancienne uille enclauee dans la Champaigne, Picardie, & conté de Luxēbourg, forte & en plaine, arrousee de la riuiere de Vesle, marchāde, & principalemēt de toiles excellétes. En ce pays y a carrieres de croye. Les portes anciénes de ceste uille pour grā de memoire d'ātiquité, retiénent les nōs des deesses Ceres & Venus, & des dieux Bacchus & Mars. Au pres de ceste uille est un lieu appelé Le fort de Cesar.

A Iuigny.

Charenton	ii	₽.
La Brye commence.		
Creteil	i	₽
Boissy	i	₽.
Gros boys	i	₽.
Brye conte Robert v. ch.	i	₽. R.
Euery ch.	i	₽. d.
Limoges	i	₽.
Sainct Germain	i	₽.
Siury	ii	₽. g.
Chastelet	i	₽.
Valence	ii	₽.
Montereau fault Yonne v. ch.	ii	₽. R.
Cannes, *monte*.	i	₽.
Villeneufue la Guiart	i	₽. d. g.

La maladerie de Chaulmont   i P.
    Paſſe par le bout.
Champigny   b.   i P.
La Chappelle   d. P.
Villemanoſche   d. P.
Pont ſur Yonne   b.   d. P.
    Paſſe le bac.
Sainct Denys   ii P. R.
Saincte Colombe la grande   d. P.
Sens   v.   arch.   d. P.
Veron, *a coſté gauche*   ii P.
Villeneufue le Roy   i P.
Ormoy   i P.
Villeualier   i P.
Villechien   d. P.
Sainct Aulbin   d. P.
Iuigny ſur Yonne   v.   ch.   i P. g.
    Conté, du reſſort de Troye.

A Vittry en Pertois.

Pentin   i P.
Bondiz   i P.
    Boccage.
Liury   i P.
Villepariſy   i P.
    Boys.
Claye   b.   ii P. R.
Meaulx, *ſur Marne*   v.   e.   iiii P. g.
Trilleport   i P.

Passe le bac sur Marne.
Sainct Iean des deux iumeaulx   i P.
Vallee.
La Ferté soubs Iouerre v. ch. p. f. iii P.
Lusancy, *port sur Marne, sur lequel fault passer basteau*   i P. R.
Drachy   i P.
Charly   i P.
Monte.
Le mont de Gournay v.   i P. d.
Descends.
Essone v.   i P.
Chasteau Tierry v. ch.   i P. g.
La Ferté gaucher   ii P.
Dormans   iii P. R.
Espernay   iiii P.
Iallon   ii P. g.
Mattougue   ii P.
Pluuot   ii P.
Chaalons, *sur Marne* v. e.   iii P. R.
Sainct Germain   ii P.
Poigny   i P.
La Chauffee   i P.
Vittry v. *vallee*   iii P. g.

A sainct Disier.

Le plus descouuert, & plus seur, par Prouins.
Charenton   i P. d.

Boissy   iii P.
Bry conte Robert   v. ch.   ii P. R.
Suynes   i P.
Guigne putain   ii P. g.
Mormand   ii P.
Nangy   ii P. R.
Prouins v. ch.   iiii P. g.
Villenausse, Bon uin.   v.   iiii P. R.
Montgenault   i P.
Fontaine Denys   q.
Boullage b.   i P. d.
Dohuennien b.   ii P.
Angluse b.   i P.
Arsy, sur Aulbe b.   iii P. g.
Rameru   iii P.
Saussois   iii P. R.
Argillieres   i P.
   Passe la prairie, entre en Barrois.
Le Bac   d. P.
   Depart de Barrois & Champaigne.
La Chaussee   d. P.
Sainct Disier v. ch.   i P. g.

A sainct Disier.

Le plus long, mais beau.

La Pissotte   i P.
Fontenay sur le boys   i P.

Le pont de Gournay   ii P.
Pomponne   i P.
Laigny sur Marne   q. R.
Cechy   i P.
Couilly   i P.
Cressy   ii P.
   Va selon les fossez, & loge a la Chappelle.
Sainct Blandin   d. P.
Plommeuse   i P. d.
   Passe le pont.
Sainct Augustin   d. P.
   Coulemiers en fond de vallee, a main gauche.
Chailly   i P. d.
Sainct Remy, a main gauche   i P. d.
La Ferté gaucher   i P. d. R.
   Passe des hameaulx.
Nauret   ii P.
Trefou   i P.
Champguyon   i P.
La Noue   i P.
   Passe a costé du bocquet.
        Champaigne.
Sedane en Brye   v.   ch.   ii P. g.
Pleurs   iii P.
Nostre Dame de Courray   i P.
Garganson   i P. R.
Semoine   i P.
Mailly   ii P.

        e.i.

Belle champaigne a petites descentes & montees pe-
   rilleuses de larrons.
Sainct Estienne   iiii P. g.
Sonsoys   ii P.
Brandonuilliers   i P.
Chastillon sur Bronay   i P. d.
   Voy plusieurs estangs & nobles maisons.
Giffaulmont   i P.
Branlecourt   i P.
   Passe le boys de Marnausse.
Esclarron b.   i. P. d. R.
Sainct Disier, sur Marne en Pertois   i P. d.
   Ville de l'Euesché de Chaalons.

Par Chaalons.

Le plus descouuert & plus court.

Pentin   i P.
Bondiz, Boccage   i P.
Liury abb.   i P.
Villeparisy,   Boys   i P.
Cloye b.   ii P. R.
Meaulx sur Marne v. e.   iiii P. g.
Trilleport   i P.
   Passe le bac sur Marne.
S. Iean des deux iumeaulx, vallee   i P.
La Ferté soubs Iouerre   ii P.
   Le long de Marne.

Lufancy, *port fur Marne*   i P. R.
    Paffe bafteau.
Drachy   i P.
Charly   i P.
    Monte.
Le mont de Gournay   i P. d.
    Defcente roide.
Effone v.   i P.
Chafteau Thyerry, *fur Marne* v. ch. i P.
La Ferté Gaucher v.   ii P. g.
Dormans v.   iiii P.
Efpernay v.   ii P. R.
Iallon   ii P.
Mattougue   ii P.
Pluuot b.   ii P.
Chaalons, *fur Marne* v. e.   iii P. g.
Sainct Germain   ii P.
Poigny   i P.
La Chauffee   i P. R.
Vittry v. baill.   iii P.
Vittry la bruflee   i P.
Treblemont   i P.
Perte en Pertois b.   i P.
Hildenaycourt   i P.
Sainct Difier v. ch.   i P. g.
    Villeforte, *a cofté de la riuiere de Marne.*

A Langres.

Ville enclauee dans la Champaigne, duché de Bourgongne, Franche conté, & Lorraine.

Charenton b.	ii	P.
Boiſſy	iii	P. R.
Bry conte Robert v. ch.	i	P.
Suynes b.	i	P.
Guigne putain b.	ii	P. g.
Mormand	ii	P.
Nangy	ii	P.
Prouins v. ch.	iiii	P. R.
La Queue au boys	ii	P.
La Fontaine au boys	ii	P.
Nogent ſur Seine v.	ii	P.
Sainct Aulbin abb.	i	P.
Les trois maiſons	iiii	P. g.
Le Pauillon	iiii	P.
Troye v. ch. e.	iii	P. R.
Bremande b.	i	P.

Le bout de la chauſſee, & banlieue de Troye.

La vacherie	ii	P.
Sainct Parre	ii	P.
Ville ſoubs Bar	i	P.
Bar ſur Seine v.	ii	P. g.
Loche	ii	P.
Aultricourt	i	P.
Rus les aulx	i	P.

Donseuoy b.	ii P. R.
Longuay	i P.
Arq en Barrois v.	i P.
Sainct Martin	ii P.
Bournonne	ii P.
Langres v. ch. e.	i P. d.

Duché & Pairie de France. Ancienne uille du temps de Cesar: le pays a l'entour de laquelle s'appeloit Lingonie, & le peuple Lingons.

Lorraine, & pays adiacens.

Le pays de Lorraine, qui anciennement fut royaume, l'an huict cens quarátedeux, & appelé Austrasie, au parauant que les Francois conquestassent les Belges: & depuis Lotharingie, du nom de Lothaire, filz aisné de Loys le Debonnaire, filz de Charlemaigne: comprenoit tout ce qui se trouue depuis les Alpes Orientales, iusques en Bourgongne: Et de la en descendant iusques aux riuieres du Rhin & l'Escault: s'estendoit a la mer de Frise, contenant les villes d'Vtrech, Cologne, Treues, Gueldres, Cleues, Hollãde, Zelande, Haynault, Hasbaing, Liege, Lembourg, Elsate, & terres du conte Palatin, assises sur le Rhin: auec la forest d'Ardenne, duché de Bar, &

e.iii.

la partie de Champaigne, qui commence sur Meuse. Et estoit lors cedict royaume diuisé en deux parties : dont l'vne s'appeloit la haulte Lorraine, de laquelle le siege estoit a Metz: & l'autre la basse, de laquelle se tenoit le siege a Cologne.

La lignee de Charlemaigne faillie, ce royaume tomba en duché, soubs la main des Empereurs d'Alemaigne: & en furent premiers ducs les seigneurs d'Ardenne, Mosellane, & Buillon : lesquels continurèt toutes les deux Lorraines en vne, ainsi que le royaume se comportoit auparauant qu'il tombast en duche. Depuis ce temps cedict pays deuolut aux Roys de France: ne demoura soubs leur dition que la haulte Lorraine, qui est le pays qui se trouue pour le iourdhuy soubs la deuise du bras armé, sortant du ciel, & tenant l'espee nue: en demonstrance, que les ducs de Lorraine ne tiennent que de Dieu & de l'espee.

Ceste duché de haulte Lorraine amplifiee, multiplia (a raison de l'augmentation des maisons de Mosellane & Ardenne) en deux autres contez, qui apres furent, & sont de present, separees de ladicte Lorraine: ascauoir, la conté de Luxembourg & la conté de Bar, appelee Le duc:

lefquelles apres furent erigees en duchez, & telles demeurent pour le iourdhuy.

La duché de Luxembourg fut erigee premieremēt en conté par Sigifridus, ou Gilbertus, filz de Ricuinus d'Ardenne: auquel demoura par partage la feigneurie de Guerrie: pour laquelle augmenter, trouua moyen d'auoir de l'abbé de fainct Maximien de Treues, le chafteau de Luxembourg: lequel reparé & aggrandy, par le confentement de Bruno, duc de Lorraine, frere de l'Empereur Othon, premier du nom, il erigea en conté, comprenant toute fadicte feigneurie de Guerrie, & retenant le nom dudict chafteau. Depuis a traict de temps Vvenceflaus, frere de Iean de Luxēbourg, erigea cefte conté en duché, par la permiffion de fon frere Charles quatriefme Empereur : les enfans duquel Charles fuccederēt audict Vvenceflaus, auffi Empereur : lequel, en faueur du mariage de fa coufine Ifabeau de Guerich, auec Antoine de Bourgongne, filz de Philippe le Hardy, engagea ladicte duché en la fomme de fix vingts mil florins d'or: laquelle depuis fut defgagee par Charles de Bourgongne, filz de Philippe: & ainfi eft depuis demouré a ladicte maifon de Bourgongne.

e.iiij.

La duché de Bar, au cas pareil, fut premierement erigee en conté, par Frederic, filz d'Odo, ou Otho, duc de Moſelane, qui fut filz de Ricuin d'Ardenne, cy deſſus nommé, & ſucceda audıct Odo, a ladicte duché: pour laquelle multiplier, acqueſta de meſſieurs de chapitre de Toul vn village nommé Bariuille, qu'il enferma de murs, aupres duquel il baſtit vn chaſteau, qui encor de preſent eſt nómé Bar le duc, du nom duquel il erigea le pays circõuoiſin en conté: & depuis, par le mariage de Robert, premier du nom, auec Alaric, filz de Iean Roy de France, l'an mil trois cens ſoixante, fut ladicte conté, a la requeſte d'Ioland, mere dudict Robert, erigee en duché.

Soubz ceſte duché de Lorraine ſont contenues les contez de Vaudemont, de Verdun, Blammont, Demmanche, de la Marche, du Liege, le Marquiſat de Pontz, & autres. Elle tiẽt a la cõté de Bourgõgne, le lõg de la riuiere du Doulx: & aux contez de Nanſſau & Champaigne, vers la Marche, qui eſt pays de montaigne en ladicte Lorraine: au pays de Suiſſe, vers Langres, & Dieſt: aux baſſes Alemaignes, vers la duché de Luxẽbourg. Ha pour voiſins la duché de Bauieres,& côté de Nanſſau: comprend le pays de Liege, Vauge, Barrois, & de Maine, qui fut depuis enclauee dans ladicte duché: ha pour principales villes, Nancy, chef de ladicte duché, Toul, Neuf chaſtel,& autres.

Le pays de Liege ha pour ville capitale Liege, eueſché, Huye, Dinan, & le Tier, par leſquelles paſſe la riuiere de Meuſe.

Le pays de Vauge montueux, comprend ſainct Nicolas deuers Engeruille, & ce qui eſt depuis les Ardennes, iuſques aux Alemaignes.

Le Barrois ſemble eſtre diuiſé de la Lorraine par la riuiere de Meuſe: s'eſtend iuſques a Neufchaſtel: ha pour principales villes, Bar le duc, la Motheligny, Arq,& pluſieurs autres. Puis en deſcédant ſelon ladicte Meuſe,ſe trouuẽt Cõmercy & Vaulcouleur, qui ſont moytie de France & Barrois.

Chemins.

En ce pays tant de Lorraine, que de Barrois, y a grands chemins qui conduiſent aux villes marchandes, pays limitrophes, haultes & baſſes Alemaignes. En ſorte que vers les fins dudict pays, ſe trouuent perſonnes qui parlent les deux langues.

A Nancy, le bas chemin.

Pentin	i	P.
Bondiz	i	P.
Boccaige.		
Liury abb.	i	P.
Villeparisy	i	P.
Boys.		
Cloye b.	ii	P. R.
Meaulx sur Marne v. e.	iiii	P. g.
Trilleport	i	P.
Passe le bac sur Marne.		
S. Iean des deux iumeaulx, *vallee*.	i	P.
La Ferté au Col, dicte soubs Iouerre, à raison qu'elle est au dessoubs de l'abbaye des dames de Iouerre.	ii	P.
Lusancy, *port sur Marne*.	i	P.
Passe le basteau.		
Drachy	i	P.
Charly	i	P.
Monte.		
Le mont de Gournay	i	P. d.
Descends.		
Essone v.	i	P.
Chasteau Thyerry, *sur Marne* v. ch.	i	P. g.
La Ferté gaucher v.	ii	P.
Dormans v.	iii	P. R.

Espernay v. *prairie*.	iiii	℔.
Ay v.	i	℔. g.
Les loges	iii	℔.
Sainct Remy b.	iii	℔. R.
Saincte Menehoult v.	iiii	℔. g.
Les verrieres, *dans les boys de Clermont*	iii	℔.
Clermont v.	ii	℔. R.
Verdun v.	iii	℔.
Sainct Mihiel v.	iiii	℔. g.
Toul v.	iii	℔.
Nancy v. ch.	vii	℔. R.

Le hault chemin de Nancy.

Espernay, *au chemin cy dessus*	xxix	℔.
Iallon b.	ii	℔.
Mattougue b.	ii	℔.
Pluuot	ii	℔. R.
Chaalons v. esu.	iii	℔.
Nostre Dame de l'Espine	ii	℔.
Poy	ii	℔.
Bar le duc v. ch.	iiii	℔. g.
Ligny en Barrois v. ch.	iiii	℔. R.
Vaucouleur v.	iiii	℔.
Toul v.	iiii	℔. g.
Fou Boys.	iii	℔.
Nancy v. ch.	v.	℔.

Memorable du palais du duc, & occision de Charrolois, duc de Bourgongne, pres ladicte ville.

A Metz.

Nancy v. ch.   iiii I,
Metz v. eſu.   iiii P.

Dict en Lorraine, pour la cauſe cy deſſus alleguee, ſcauoir qu'elle tient clef de la baſſe & haulte Auſtraſie anciéné, le pays duquel Metz ſ'appelle encor auiourdhuy Meſſin, & le peuple Metin.

A ſainct Nicolas de Vers en Iainuille.

Nancy   iiii I.
  Paſſe le boys d'Ardenne, comme hault tailliz.
Sainct Nicolas b.   ii P.

Limitrophe de Lorraine & haulte Alemaigne, excellent en marchandiſe de cuyure, fer, & arain, entre autres.

A Toul, le plus commun.

Sur le chemin de Nácy, par deux endroicts, ſix iournees petites.

A Toul, le plus droict.

Bar le duc, au chemin de Barrois cy deſſoubs.
Le petit Nancy   ii P.
Le grand Nancy   iii P. R.

Le Mesnil la hague b.   iiii P. g.
Mesnillon b.   vii P. R.
Iuoy v. ch.   iiii P. g.
Fou   iiii P. R.
Tour v. esu.   iii P. g.

Chemins de la duché de Barrois.

A Bar le duc.

Chaalons en Chãpaigne v. e.   iiii l.
Nostre Dame de l'espine   ii P.
Poy   ii P.
Bar le duc v. ch.   iiii P.

Sur un petit heurt: & donne ceste uille le nom aux Barrois.

A Ligny en Barrois.

Bar le duc v. ch.   xlv P. d.
Ligny v. ch.   iiii P.

A Arq en Barrois.

Charenton   ii P.
Boissy   iii P.
Bry conte Robert v. ch.   ii P. R.
Suynes b.   i P.
Guigne putain   ii P. g.
Mormand   ii P.

Nangy	ii P.	R.
Prouins v. ch.	iiii P.	g.
Villenauſſe b. *bon vin*	iiii P.	R.
Montgenault	i P.	
Fontaine Denys	q.	
Boullaige b.	i P.	d.
Donnemen b.	ii P.	
Angluſe b.	i P.	R.
Arſy, ſur Aulbe. b.	iii P.	
Rameru	iii P.	
Saulſois b.	iii P.	g.
Argillieres b.	i P.	

Paſſe la prairie, & entre en Barrois ſur Marne.

Le Bac	d. P.	

Depart de Barrois & Champaigne.

La chauſſee	d. P.	

Laiſſe la a gauche.

Sainct Diſier	i P.	
Les forges	i P.	d.
Arq en Barrois v. ch.	iiii P.	

A Bourmont.

Troye	iii	I.
La chauſſee	ii	P.
Monſtreul	i	P.
Long pré	iiii P.	R.

Paſſe la foreſt de Feſcquan.

Henreuille	iiii	P.
Cleruault abb.	iiii	P. g.
Roesnepont	ii	P.
Villeneufue, *bon uin blanc.*	iii	P. R.
Ryaucourt b.	iii	P. g.
Forges a fer.		
Marrolles abb.	i	P.
La Creste	ii	P.
Damchamp b. *bonnes fauls.*	ii	P. R.
Sainct Thibault b.	iii	P.
Passe Meuse contre sainct Thibault.		
Bourmont, *sur montaigne.*		q.

A la Motte en Barrois.

S. Thibault, *sur le chemin cy dessus escript.*	v.	I.
La Motte v. ch.	i	P.

Au dessoubs passe Moson, uenant d'aupres la Marche, petite riuiere, qui se rend a Neufchastel dans Meuse.

La Bourgongne.

Le pays de Bourgongne fut ainsi dict, a cause de la multitude des bourgs que les Ostrogots & Vandels premiers habitans de ce pays, y commencerent a bastir. C'estoyent places garniers de terre a l'entour, (ainsi que les forts de nostre temps) ou les casals de l'Asie, qui sont soubs la subiectiō du Turq, pour la defense des peuples a l'encontre de leurs ennemis, desquels bourgs plusieurs villes d'Alemaigne & de France retiennent encor le surnom, & semble que nostre mot de Bourgeois, pour citoyen, en soit deriué. Depuis ce tēps, le mot de bourg fut changé en ces mots de Ville & Terre, qu'ōt laissé le surnom a plusieurs lieux de Normādie, Picardie, Chāpaigne, & Beausse: comme Abbeuille, Perteuille, Aulbeterre, Saulueterre, Nanterre, & infiniz autres. Aucuns disent que ce mot de Burgundion ou Burgūdie, est formé de Bourg & Gundiochus, ou Gundion, qui fut premier habitant de ce pays, & inuenteur desdictz bourgs: duquel les peuples estoyent appelez Gundiōs. Ce fut premieremēt vn royaulme particulier diuisé de la France, & depuis vny a la couronne, & remis en duché, la partie de laquelle approchant de l'Alemaigne, s'appelle Franche conté, ou pource qu'elle depend des premiers François: ou pource qu'elle n'estoit anciennement subiecte a tribut.

Ceste Franche conté est separee d'auec la Lorraine par la riuiere du Doux, & de la duché de Bourgongne, par la riuiere de Saofne, adhere au pays des Suiffes vers Montbeliart: comprend Dofle, ville capitale, cité, vniuerfité & parlement, puis Vefou, Salins, Lyon le faulnier, Pōtarly, Pefne, Channites, Befancon, qui touteffois fe dit cité Imperiale, & autres.

La duché de Bourgōgne, affife entre ladicte conté & vifduché, ha pour ville principale Diion, ville, vniuerfité & parlement, puis Beaulne, Chaalons, Mafcon, Aultun, Auxonne, & autres pays bien fertiles en bleds, vins, & autres chofes.

La vifduché eft enclauee dans la Champaigne, la duché de Bourgōgne, & le pays de Tonnerrois: de laquelle vifduché les villes principales font, Bar fur Seine, Chaftillon fur Seine, & Muffy l'euefque.

Le pays de la montaigne eft du comprins de la duché, fort fertile & abondant, affis entre la ville de Langres & Bar fur Seine d'vn cofté, tirant vers Chaftillon & Diion, en rond: d'autre comprend Gurgy, Mormand, les Fonds, Longuay, Danfeual, Aultricourt, & autres.

Le pays de Mortuant en ladicte duché eft contraire a celuy de la montaigne, c'eft a dire, infertile & mal profitable, montai-

f.i.

gneux vers la duché, & vers la conté sablonneux, & peu plaisant.

Le pays de Lauxerrois adioinct a ladicte duché, de laquelle il fut quelque fois separé, contient ce qui est depuis la conté de Iuigny & de Tonnerre, iusques a ladicte duché, combien que tout ait esté d'ancienneté comprins soubs icelle.

Chemins.

En ce pays y a grands chemins, tant pour negociations & commerces, comme pour conduictes aux pays limitrophes & frequentez.

A Bar sur Seine.

Troye, *au chemin cy dessus.*	xxxvi P.
Bremande	i P.
La Vacherie	ii P.
Sainct Parre, *sur Vaulde*	i P.
Chappes	i P.
Foucheres, *sur Seine* b.	d. P.

Depart de Champaigne, Bourgône, & Langres, par un petit ruisseau, a main dextre, cheant en Seine.

Bourguinon	i P.
Bar, *sur Seine* v. ch. conté	i P. R

A Muſſy l'eueſque.

Bar, *sur Seine* v. ch.   iii petites iourn.
Villeneufue   d. P.
   Bonne papeterie.
Pont, *sur Seine*.   i P.
   A main gauche la riuiere d'Ourſe ſe rẽd en Seine.
Buſſeul   i P.
   Laiſſe Potigny & Polſy a main dextre.
Neufuille   d. P.
   Commencent les maiſons eſtre couuertes de pierre
     dure & tenue.
Gye   d. P.
Gourteron   d. P.
   Le goulet d'Auguſtine, lieu iadis dangereux de
     brigands.
Muſſy l'eueſque v. ch.   i P.

A Chaſtillon ſur Seine.

Muſſy l'eueſque, *cy deſſus*   iii I.
Cheretierry   ii P. R.
Laiſſe Potiers a main dextre abb.   d. P.
   Mauuais chemin en yuer.
Villers les Potiers   d. P.
Varenne   d. P.
Chaſtillon, *sur Seine* v. ch.   d. P. g.
   Partie en deux uilles par la riuiere de Seine.

f.ii.

A Diion.

Chaſtillon, *ſur Seine* v. ch.   v l.
    Boys de geneſure.
Boucey   i l.
Chameſſon   ii l.
Aiſay le duc   i l.
    L'eſtang de Noue, le long de la Foreſt le Duc.
Sainᵭ Marc   ii l.
Ampilly   i l.
Baigneux les Iuifs   i l. R.
    On n'y paſſe pas uoluntiers, qui n'y ueult repaiſtre.
    C'eſt le premier uillage du dioceſe d'Autun.
La Perriere   i l.
Chanceaux b.   i l.
Champigny, *en fond de uallee*   i l.
    Voy a main dextre dans les boys la ſource de la riuiere de Seine.
Sainᵭ Seine b. abb.   ii l.
    Val de Suſon, paſſage perilleux.
Les trois hoſtelleries, *dans la uallee*   ii l. g.
Le cheſne rond, *dict* Hault cerne   i l.
    Ou lon fait les iuſtices : & de la uoit on en temps ſerain le mont Bernard & les montaignes d'A-lemaigne.
Talan, *a main dextre*   i l. d.
Diion v. ch.   d. l.
    Ville capitale de la duché : parlement ſoubs l'eueſ-

ché de Langres: passe Suson & la riuiere de l'Ourse: Voy le bel hospital, & la belle boucherie.

A Beaulne.

Diion v. ch. parl.   lxx P.
 Laisse Talan a main dextre: qui est uille forte, sur montaigne.
Barigny   i P.
Vaulion   i P.
 Mauuais chemin.
Nuyz, *sur Beaulne*   ii P.
Argilly v. ch.   ii P. d. R.
Sainct Auerny ch.   ii P. d.
Beaulne v. ch.   d. P.
 Soubs l'euesché de Chaalons sur Saosne : les autres disent au diocese d'Autun: passe la riuiere d'Ourse, ou Lourche. Ville forte, bon uignoble, & bel hospital.

A sainct Claude, au dela de Diion.

Cerche aux uoyages cy apres.

A Chaalons sur Saosne.

Beaulne v. ch.   lxxx P. d.
 Coste de uignoble.
Chaigny   iii P.
Germolles ch.   i P.

f.iiii.

Chaalons, sur Saosne　　　　　　　iii P. g.
　　Ville marchande.

A Tornut.

Chaalons, cy dessus.
Derou　　　　　　　　　　　　　d. P.
Seure　　　　　　　　　　　　　d. P.
　　Ou lon faict les huppins noirs.
La Ferté, sur Grosne　abb.　　　　ii P.
　　Premiere des quatre filles de Cisteaulx.
Tornut　　　　　　　　　　　　iii P.
　　Ville marchande sur la riuiere de Saosne.

A Mascon sur Saosne.

Tornut, cy dessus.
Montbelet　　　　　　　　　　　ii P.
Chantarban　　　　　　　　　　　i P.
La Saulle　　　　　　　　　　　　i P.
Sainct Iean de preschant　　　　　i P.
Mascon v. e.　　　　　　　　　　i P.
　　Passe la Saosne.

A Ville franche.

Mascon, cy dessus.
Belle ville v.　　　　　　　　　iiii P. R.
　　Boys, chemin fascheux à tenir.
Sainct Georges　　　　　　　　　i P.
Ville franche　　　　　　　　　　i P.

A Besancon.

Diion v. ch.   v l.
Astille   i P.
Pontarly, *sur Saosne* v.   iiii P. R.
   Forest, en laquelle est faicte la diuision du duché & conté de Bourgongne: comme appert par les armoiries qui sont grauees en grandes pierres d'un costé & d'autre.
Pesme v. ch.   ii P.
Marnef b. ch.   iiii P. g.
Recoulongne   i P.
Poulay   ii P.
   Tailliz.
Besancon v. arch. & cité Imperiale.
   Anciennement dicte Vesuntium.

Autre chemin de Diion a Besancon, plus long, mais il est plus frequent.

Diion v. ch.   v l.
Fauuernay   ii P.
Ianlay   i P.
   Il y passe une riuiere fort impetueuse, mesmement quand elle croist.
Lonio   Forest d'Auxonne.   i P.
Auxonne v. ch.   i P. R.
   Ville tresforte, & clef de la duché de Bourgogne. La riuiere de Saosne passe le long des murailles.

f.iiii

Sainct Pan	ii	l.
Dofle v. ch.	i	l. g.
Rochefort v. ch.	i	l.
Orchamps	i	l. d.
Grancher	i	l. R.
Sainct V.it	i	l.

Forest qui contient enuiron trois lieues.

Sainct Fargeu	ii	l. d.
Besancon v. arch. *& cité Imperiale*	d.	l. g.

A Montbelliart.

Besancon, *cy dessus*	vii	l.
Rouchotte	i	l.
La malemaison	i	l.
Rouland ch.	i	l.

Le Dou y passe.

Suchin	i	l.
Baulme les nonnains v.	i	l. R.
Cleruau, *sur le Don* v.	iii	l.
Grange	ii	l.
Montbelliart v. ch.	ii	l. g.

Le Dou y passe.

A Pouligny.

Dofle v. ch.	vi	l.

Forest de Chau.

La Loy	ii	l.

Bermont　　　　　　　　　　　　i P.
    Paſſe le pont de la Louue.
Mont, ſur Vauldray　　　　　　　i P.
Aulmont　　　　　　　　　　　i P. R.
    Foreſt appelee Les ſurpois.
Tourmon　　　　　　　　　　　i P. d.
    Il y a enuiron uingt cinq ans qu'icy aupres on ſouloit faire du ſel plus beau, & meilleur, que n'eſt celuy de Salins.
Pouligny v. ch.　　　　　　　d. P. g.
    Treſbons uins clairets.

A Salins par Doſle.

Foreſt de Chau.

La Loy　　　　　　　　　　　　ii P.
Bermont　　　　　　　　　　　　i P.
Villefarlay　　　　　　　　　　i P. R.
    Foreſt de Mouchard.
La grange des arſures　　　　　　i P.
Salins　　　　　　　　　　　　　i P.
    La plus grande uille qui ſoit en la Franche conté, & y a pluſieurs chaſteaulx & belles fontaines, de l'eaue deſquelles ſe fait le ſel, dont la uille a prins le nom.

A Veſou.

Langres, cy deſſus　　　　　　　iiii l.
Veſou v. parlement.　　　　　　xii P.

A Auxerre.

Sens en Brye   ii l.
A la croix, apres auoir deuallé la montaigne, commence la plaine de Veion.
Veion, *a cofté gauche*   ii P.
Villeneufue le Roy   i P. R.
Giury   i P.
Bailliage, uille, reffort de Sens.
Villeualier   i P.
Villechien   d. P.
Sainct Aulbin   d. P.
Iuigny, *fur Yonne* v.   i P. g.
Efpineau   i P. d.
Baffon   ii P. d.
La maladerie de Cichery commence la Bourgongne & conté d'Auxerre.
Efpuigney   d. P.
Auxerre v. e.   ii P.

A Bar fur Aulbe.

Troye, *au chemin cy deffus.*
Sainct Pierre   d. P.
Coterangue, *ou la Guillotiere*   ii P.
Lufigny b.   iii P. R.
Magny fpere b.   i P.
La Villeneufue au chefne   i P.
Vandeuure b.   i P.
Depart de Champaigne & Bourgongne.
Bar, *fur Aulbe* v. ch.   iii P. g.

Le pays de Gaſtinois.

Apres auoir pourſuiuy l'vn des membres de la diuiſion de Frāce, qui eſt le Heurepoix: & iceluy conduict iuſques a la mer d'vn coſté, & pays de Bourgongne d'autre: ſenſuyt que reprenions l'autre membre, qui eſt le Gaſtinois, auquel conioindrons la Beauſſe, & pays adiacens, ſelon le proiect inſtitué au premier chapitre.

Ce pays fut ainſi nommé, a cauſe des deſerts, rochers, & lieux ſabuleux, deſquels il eſt plein, qu'ils appellent Gaſtines, & anciennement Vaſtines: adhere a la baſſe Beauſſe vers Pluuiers: a la Champaigne vers Sens: & a la Brye vers Fontainebleau. Comprend les duchez d'Eſtampes & Nemoux, la conté de Rochefort, & autres: ha pour principales villes, Montargis, Moret, Milly, Nemoux, ſainct Mathurin, Chaſteau Landon, & autres.

Chemins.

Ces chemins ne ſont fort notables, mais ſeruent pour iuriſditions, & conduictes aux pays de la nourriture de France.

A Estampes.

Le bourg la Royne	ii ℔
Le pont Antony	i ℔
Longiumeau	ii ℔
Montlehery v.	ii ℔ R.
Chastres, *soubs Montlehery* v.	ii ℔
Torfou, *au hault du tartre*	i ℔ d.
La forest de Torfou, pour le iourdhuy destruicte.	
Estrechy le larron	i ℔ d.
L'hermitage, ancienne briganderie.	
Estampes v. ch.	ii ℔ g.

A sainct Arnoul.

Le bourg la Royne	ii ℔
Le pont Antony	i ℔
Massy	i ℔
Palaiseau	i ℔ R.
Oursay	i ℔
Sainct Clair b.	ii ℔
Chaumusson b.	i ℔
Bonnelle b.	i ℔
Rochefort b.	i ℔
Sainct Arnoul v.	i ℔ g.

A Milly.

Villeiuifue	i ℔
Le Long boyau.	

93

Iustuisy b.   iii P.
Ris   d. P.
    Corbueil, a main gauche v.
Essone   ii P. R.
Le Plessis   i P.
Les Verneaulx   ii P.
Corance   ii P.
Milly en Gastinois v. ch.   i P. g.

A Pluuiers.

Milly v. ch.   i l.
Pluuiers v. ch.   i P.
  Les anciens tiltres escripuent Pithuiers, *duquel mot le Latin extraict porte* Pithuerium.

A Puiseaulx.

Milly v. ch.   i l.
Puiseaulx v. pr.   iiii P. R.

A Moret en Gastinois.

Villeiuisue   ii P.
La Saulsaye pr. f.   q.
  Le long Boyau, plaine.
Iustuisy   iii P. R.
Ris   i. P.
Essone, *ou Corbueil*   ii P.
Le Plessis   i P.
  Pren a main gauche la forest de Biere.

Le Couldray	i	P.
Le pont Tierry	i	P.
Les haultes loges	i	P. g.
Les basses loges	ii	P.
Moret v. ch.	ii	P.

Sur la riuiere de Loing, faisant depart de Gastinois & Heurepoix.

A Montargis.

Villeiuifue	i	P.
La Saulsaye pr. f.		q.

Le Long boyau, plaine.

Iustuify	iii	P. R.
Ris	d.	P.

Laisse Corbueil a gauche.

Essone	ii	P.
Le Plessis	i	P.
Dannemois	ii	P.
Les Verneaulx	ii	P.
Corance	ii	P. g.

Laisse Milly a main dextre.

Noisy, *ou le Vault d'Onay.*	i	P.
La Chappelle la Royne	ii	P.
Sainct Mathurin de Larchant, *a main gauche*	i	P. R.
Vertault, *le plus droict*	i	P.
La maison rouge	i	P.
Le pont Agasson, *ou Chasteau Landon*	ii	P.
Pré Fontaine	i	P.

Montargis v. ch. iii ł. g.
Dicte comme le mont Argus, pour ce qu'elle uoit, ou que lon uoit de bien loing a l'entour. Fut bruslee enuiron l'an 1528. depuis rebastie de neuf.

A Chastillon sur Loing.

Montargis v. ch. xxv ł.
Montcresson ii ł.
Montbeny ii ł.
Chastillon, sur Loing v. ch. i ł.

A Blesneau.

Chastillon, sur Loing, cy dessus
Dannemarie b. En Puisaye. i ł.
Roigny b. 1 ł.
Blesneau, sur Loing v. ch. ii ł.
Ressort d'Auxerre.

A sainct Forgeau en Puisaye.

Blesneau, cy dessus.
Sainct Priué i ł.
Sainct Martin i ł.
Sainct Forgeau i ł.
Pays de boys & haultes forests. Ville, chasteau, sur Loing.

A Nemoux.

Sainct Mathurin xvii ł.
Nemoux v. ch. ii ł.

La basse Beausse, duché d'Orleans, & pays de Solongne.

La vraye Beausse, plat pays, fertile en grain comme vn grenier du pays de France, ainsi que la Sicile de la Romaine, ha son estendue entre les eueschez de Sens, Orleans & Chartres : est diuisee en trois parties, dont les deux sont de gras & limonneux terrouer : la tierce, qui est la Sologne, depédéte de la basse, participe tāt du limon que du sable: ainsi que sera veu cy apres.

La basse Beausse ha son estendue depuis Estampes, iusques aux endroits de Sens en Brye:& depuis ledict Estampes iusques au pont d'Orleans, vers Oliuet : soubs laquelle est enclos le pays de Lorriz.

A céste Beausse adhere au dela de Loire, comme vne tierce Beausse, qui est fertile en seigles, dont est appelee Solongne : comprenant ce qui se trouue depuis Orleans, oultre la riuiere de Loire, iusques a Amboise : costoyant les enuirons de Gyan, & paruenant a la riuiere de Cher. Ce pays est diuisé en hault & bas. Le hault contient l'endroit des seigles, bruyeres & boccages. Au bas, se trouuent plusieurs petits ruisseaulx aornez de pasturages, le tout sablonneux, & moins gras que la vraye Beausse. Ces principales villes sont, Romorentin, Chasteauneuf, Iargeau, Aulbigny, Clery, Chaulmont, & autres.

Chemins.

En ceste Beausse n'y a chemin plus notable que celuy d'Orleans, frequenté, tant pour marchandise, comme pour conduicte aux autres endroits de France. Les autres chemins des pays adiacens a ladicte Beausse sont descripts cy dessus.

A Orleans.

Le bourg la Royne	ii	P.
Le pont Antony	i	P.
Longiumeau	ii	P.
Montlehery v.	ii	P. R.
Chastres, *soubs Montlehery* v.	ii	P.
Torfou, *au hault du tartre*	i	P. d.
La forest de Torfou, pour le iourdhuy destruicte.		
Estrechy le larron	i	P. d.
L'hermitage, *ancienne brigranderie*	i	P. d.
Estampes v. ch. du. pr.	ii	P. g.
Villesauuage m.	i	P.
		g. i.

La Beauſſe commence.
Moneruille, *a main dextre.* ii P.
Engeruille la gaſte ii P.
Champ a lorry iii P. d.
Toury v. ch. i P. d. R.
Chaſteau Gaillard ii P.
Artenay b. ii P.
La croix Bricquet i P.
Langenerie i P.
Sercotes i P.
Paué iuſques a la uille.
La croix de la Montioye i P. d.
Noſtre Dame des aides d. P.
Orleans v. e. vn. i P. g.
Ancienne duché de France, appelee des anciens Aureliæ, & de Iules Ceſar Gennabum: combien qu'aucuns tiennent, que ce mot appartienne a Gien: & les autres a Baugency: le tout ſur la riuiere de Loire.

A Chaſteauneuf.

Fin de la baſſe Beauſſe.

Orleans ii I.
Iargueau v.   *En Latin* Iargolium v P.
Chaſteauneuf v. ch. ii P. R.
Autreſfois bonne uille, garnie de beauls lieux de plaiſance: duquel pays eſt a preſent ſeigneur le

prince de Melfe. Aucuns penfent que ce foit Auaricum, de Iules Cefar.

A Lorris.

Eftampes v. ch. du.	i	l.
Saclaz b.	ii	P.
Aultrouy	iii	P. R.
Piuiers le chaftel v. ch.	v	l.

Depart de Gaftinois & de Beauffe.

Piuiers le vieil	i	P.
Yeure le chaftel, *a main dextre*	ii	P.
Lorris	iiii	P. g.

Anciennement bonne uille, de laquelle prennent le nom les uieilles couftumes du bailliage, maintenant tranfferé a Orleans.

A Romorentin.

Eftampes v. ch. du. pr.	i	l.
Ville fauluage	i	P.

La Beauffe commence.

Moneruille, *a main dextre*	iii	P.
Engeruille la gafte	ii	P.
Champ a Lorry	iii	P.
Toury v. ch.	i	P. R.
Chafteau Gaillard	ii	P.
Artenay b.	ii	P.
La croix Bricquet	i	P.

g.ii.

Langerie i P.
Sercotes i P.
  Plaine iusques a la uille.
La croix de la Montioye i P. d.
Noſtre Dame des aides d. P.
Orleans v. e. vn. i P. g.
Oliuet b. i P.
La Ferté ſainct Aulbin, dicte Nabert i P.
  Sainct Aulbin ioignant.
Chaulmont v. ii P.
Chaſteau vieulx ii P. R.
  Passe boys & petites riuieres de Solongne.
Millancay b. ch. Militia Cæſaris. iii P.
Romorentin v. ch. ii P. g.
  Sur Sauldre: anciennement dicte Roma antiqua, aut Roma minor. Voy les antiquitez en ce lieu.

A Ville franche.

Romorentin v. ch. xlv P.
Ville Franche b. ii P.
  Passe la riuiere du Chair, & entre au pays de Berry.

La haulte Beauſſe, & pays Chartrain.

La haulte Beauſſe commence a Ablys,

& seſtend iuſques a Chartres, & au delà: comprenāt par tout, auec les autres Beauſ-ſes ſuſdictes, ce qui eſt au deca du fleuue de Loire.

Le pays Chartrain duché & vidamie, te-nant a la haulte Beauſſe, comme partie d'i-celle, comprend la conte de Dreux & de Montfort, pays boccageux, qui n'eſt droi-ctement de ladicte Beauſſe, adhère d'vn coſte au Perche, & de l'autre a la duché d'Orleans.

Chemins.

Ces chemins ſont frequentez pour les foires de grains, boys, & beſtiail.

A Chartres.

Le bourg la Royne	ii	P.
Le pont Antony	i	P.
Maſſy b. ch.	i	P.
Palaiſeau b. ch.	i	P. R.
Ourſay b. ch.	i	P.
Sainct Clair b.	ii	P.
Chaulmuſſon b.	i	P.
Bonnelle b.	i	P.
Rochefort b.	i	P.
Sainct Arnoul v.	i	P. g.

Ablys b.   ii ℔.
Le gué de Lorray b.   ii ℔.
Chartres v. e.   iiii ℔. g.
   Anciennement dicte Carnutum. Voy la belle & claire eglise de nostre Dame, que lon dit des anciés Druides auoir esté dediee Virgini pariturae.

A Houdan.

Nostre Dame de Bolongne   i ℔. d.
Le pont sainct Cloud b.   d. ℔.
Vaulcresson   i ℔.
   Val de Gallie.
Ville preux   iii ℔. R.
Neaufle le chastel b.   ii ℔.
Sainct Aulbin   d. ℔.
La Queue   i ℔. d.
   Passe le boys de la Queue, dangereux passage.
Houdan v. ch. Marché de bestiail.   ii ℔. g.

A Montfort l'Amaulry.

   Passe pres d'Issy, & monte la montaigne a costé de Meudon.

Chauille   ii ℔. d.
Viroflay   d. ℔.
Versailles   i ℔.
Normandie m.   i ℔.
La ferme de mauconseil   d. ℔.

La maladerie de Trappes   q.
   Passage dangereux.
Trappes   b.   d. P.
Elencourt   d. P.
Arregal   i P.
Chambor   f.   q.
Les Monceaulx   d. P.
Bazoches   d. P.
Montfort l'Amaulry   v.   ch.   i P.
   Conté tenant son nom d'un Almaury de Bretaigne.

A Dreux.

Houdan, *cy dessus*   xii P.
Goussainuille   i P. d.
Marolles   d. P.
   Passe derriere le village, en yuer.
La Mesangere   d. P.
Cerisy   b.   d. P.
   Passe la riuiere d'Eure.
Dreux   v.   ch.   conté   i P. R.
   Sur la riuiere d'Eure : fut dicte des anciens Drocum. Es forests prochaines, de laquelle on dit que les Druides, anciens prestres des Ethniciens, sacrifioyent en sang humain, & faisoyent sorcellerie de guy de chesne, dont furent appelez Druides. Pres de ce lieu y a un ancien chasteau appelé de Iules Cesar.

                       g.iiii.

La Beauſſe Vendoſmoiſe, dicte moyenne : auec les contez de Blois & Touraine.

A la baſſe Beauſſe, eſt coioincte la moyēne : comprenant ce qui eſt depuis Romorentin, iuſques a Vendoſme d'vn coſté : & depuis Chaſteaudun, iuſques a Blois & Tours d'autre. Ceſte Beauſſe ſappelle Vendoſmoiſe, pource qu'elle ſe termine en ceſt endroit : & eſt fertile, oultre les deux autres, de fruicts excellents.

La conté de Blois tient de ceſte Beauſſe, & comprend ce qui eſt vers la Solongne, deca la riuiere de Loire, comme la conté de Dunois : dont la principale ville eſt Chaſteaudun, & la conté de Tonnoirre.

La duché de Touraine, dicte Iardin de France, a cauſe des ſinguliers fruicts du pays : ſuyt d'vn coſté apres ladicte conté de Blois : commence entre le Hault ſentier & la Pillaudiere, enuiron trois lieues d'Amboiſe : fine entre la Chappelle blanche & Chouſay, qui fait le depart de ladicte Touraine & pays d'Aniou, ainſi que le port de Pile ſur la Creuſe la ſepare d'auec la duché de Guyenne. Touteſfois que la Chappelle blanche est du cresme d'Angers. Ha pour principales villes, Tours, Amboise, & Langers sur Loire, Chinon & l'isle Bouchard sur Vienne, Caude sur Loire, & Vienne, la Haye sur Creuse, Chastillon, ville royale, & siege particulier du bailly de Touraine, pareillement Loches & Asay le bruslé sur Indre, & encor vn autre Asay le Ferron sur le Chair. Est garnie des forests d'Amboise, Loches, Beaulmont, & Montrichard.

Le pays & duché de Vendosmois commence a Baugency, depart de la Solongne & de la Beausse Vensdomoise, s'estend iusques a Sainctes en Sainctonge, côioincte d'autre part a la duché d'Angoulmois, & pays circonuoisin.

Chemins.

En ce pays y a chemins notables, pour le discours des regions fertiles & plaisantes de la France.

A Blois.

Orleans v. e. vn. du.		ii I.
Sainct Mesmin abb.		ii P.
Plaine.		
Clery v.	*Pelerinage.*	ii P.

A main dextre de la riuiere de Loire, est la ville

de Meun, *ou lon pesche des pluyes de Loire, qui est poisson rare, & fort excellent.*

Fond pertuys, *A costé dextre, au bout de la plaine: & y a bon uin.*   i P. R.
    Passe un ruisseau.
Les trois cheminees   ii P.
    A main dextre dela la riuiere: Voy Baugency.
Sainct Laurens des eaues   ii P.
Nouan b.   ii P.
Mande b.   i P.
Sainct Dier b.   i P. g.
    A main gauche lon ueoit le chasteau de Chambourg, edifié par le feu Roy François.
Montliuault b.   i P.
Nosieux b.   i P.
Blois v. ch. conté   ii P.
    Sur la riuiere de Loire.

A Chasteaudun.

Le bourg la Royne   ii P.
Le pont Antony   i P.
Massy b. ch.   i P.
Palaiseau b. ch.   i P. R.
Oursay   i P.
Sainct Cler de Goumaiz b.   i P.
Chaumusson   i P.
Bonnelle   i P.
Rochefort v.   i P.

Sainct Arnoul   v.   i P. g.
Ablys   b.   ii P.
Le gué de Lorray   b.   ii P. R.
    Plaine de Beauſſe.
Chartres   v. e.   iiii P.
Tyuas   iii P. g.
Le boys de Fucheres   v.   iiii P.
    Beauſſe.
Bonneual   v. abb.   ii P.
Marboué, *ville capitale du côté de Dunois*   ii P.
Chaſteaudun   v. ch.   i P.

A Vendoſme.

Chaſteaudun   iii l.
Claye   iii P. R.
Perou   iiii P.
Vendoſme, *ſur le Loir* v. ch. du.   ii P. g.
    Soubs Angers.

A Amboiſe.

Blois   v. ch. conté   iii l.
Chouſy   iii P. R.
   A coſté dextre paſſe le pont ſur la riuiere de Ciſſe,
    qui tombe en Loire, ayant paſſé le pont.
Eſcures   b.   ii P.
Veſues   b.   i P.
La Mare   i P.

Le hault chantier　　　　　　　　　i P. g.
　　Commencement de Touraine.
La Pillaudiere　　　　　　　　　　i P.
Amboise v. ch.　　　　　　　　　i P.
　　Passe Loire sur les ponts d'Amboise, pour le meilleur: & qui ueult, on ua passer au port de Mont-louy, ou au pont de Cisse, pour aller d'Amboise à Tours, de l'autre costé de la riuiere.

A Tours.

Amboise v. ch.　　　　　　　　iii I. d.
Lussault　　　　　　　　　　　　i P.
Nostre Dame de Bon desir b.　　i P. R.
Mont Loys, ou *Montlouy* b.　　　ii P.
　　Mons laudatus.
La ville aux dames　　　　　　　　ii P.
Tours v. ch.　　　　　　　　　　ii P.
　　Duché, Archeuesché: de laquelle dependent toutes les euesches de Bretaigne, du Maine & Aniou: ha la riuiere du Chair d'un costé, qui uient tomber en Loire soubs le pont sainct Esme aux faulxbourgs de la Riche. L'on tient que Turnus la fonda, duquel le tombeau y est encor apparent, & qu'elle a donné le nom aux Tournois. Ce pays est appelé Iardin de France.

A Langers.

Tours, cy dessus　　　　　　　　iiii I.

Le port sainct Syre, *sur Loire* iii P.
Fault passer l'eaue au bac.
Mallay ii P.
La pille sainct Nicolas i P. R.
Sainct Mars i P.
Langers, *sur Loire* v. ch. i P. g.
Siege royal particulier du bailliage de Touraine.

A Saulmur.

Langers, *cy deuant* v l.
Sainct Michau, *sur Loire* ii P.
La Fillaulniere i P. d.
La Chappelle blanche ii P. R.
Spirituel d'Aniou.
Depart de Touraine & d'Aniou.
Chouzay b. iii P.
Varennes, *a costé dextre sur la Leuee.* ii P.
Villeberner b. i P.
La croix verd, *faulxbourgs de Saulmur* i P.
Pource qu'il n'y a hostellerie en ce faulxbourg, qui n'ayt une croix uerd sur l'enseigne.
Saulmur, *sur Loire* q. g.

La conté du Perche, & du Maine, & la duché d'Aniou.

Le Perche, pays conioinct a la haulte Beauffe, est diuife en deux parties : dont l'vne, qui est le bas Perche, sappelle le Perche gouet, qui est comme vne chastellenie enclauee dãs le pays Chartrain : & ha pour principale ville Nogent le Rotrou.

L'autre, qui est le hault Perche, faisant la conté, ha pour principale ville Mortaigne, qui est le siege du bailly du Perche, Belesme fine d'vn costé a Vernueil, separatiõ dudict Perche & Normandie : & de l'autre a Memers, qui le sepere d'auec la duché du Maine.

La conté du Maine tient a ladicte conté du Perche : ha pour principale ville le Mans : adhere a la duché de Normandie vers Mayẽne la Iuzest, ou passe vne riuiere dicte Mayẽne : adhere aussi au pays d'Aniou & de Touraine, qui fait separation entre la Chappelle blanche & Chouzay.

La duché d'Aniou, tenãt ausdictes cotez, cõmence a Chouzel, & fine entre Mõtcontoul & Haruault, ou lon entre en Poictou. Adhere d'vn costé a la côté de Touraine, le lõg de Loire : & de l'autre au Breton Gallo, & au Normãd. Ha pour principales villes, Angers, Saulmur, Montereau, & Chinon.

Chemins.

Ces chemins sont frequentez pour le bestiail, volatille, sauuagine, fruicts & grains.

A Mortaigne.

Noſtre Dame de Bolongne	i P.	d.
Le pont ſainct Cloud b.	d.	P.
Vaulcreſſon *Val de Gallie.*	i	P.
Villepreux b.	iii P.	R.
Neauſle le chaſtel b. ch.	ii	P.
Sainct Aulbin	d.	P.
La Queue	i P.	d.

Le boys de la Queue, dangereux paſſage.

Houdan v. ch.	ii P.	g.
Gouſſainuille	i P.	d.
Marolles	d.	P.
Ceriſy	d.	P.

Paſſe la riuiere d'Eure.

Dreux v. ch. conté	i P.	R.

Laiſſe Nogent le Roy, Chaſteauneuf & Timeraiz à main gauche, & Eſcorpain a main dextre. Boys.

Loigny b.	iiii	P.
Vittry, *a coſté gauche*	d.	P.
Brezolles b. *Marché.*	i P.	g.
Rouges maiſons	d.	P.
La Ferté au Vidame b.	i	P.
Cheſnebrun, *a coſté dextre* b. ch.	d.	P.
Marchainuille	i	P.
Sainct Maurice b. *Forges a fer.*	i P.	R.
La Ventrouſe, *a coſté dextre* b.	i	P.
Les trois cheminees	i	P.

Tourouure b.　Les bonnes arbaleſtes.　　i P.
La Tarme m.　　　　　　　　　　　　i P.
Mortaigne v. ch.　Sur montaigne.　i P. g.

A Beleſme, le plus court.

Mortaigne, cy deſſus　　　　　　　iii l.
Le pont d'Vygne　　　　　　　　　i P.
Le Pin　　　　　　　　　　　　　　i P.
Le pont de Maigny　　　　　　　　i P.
　　Paſſe la foreſt de Beleſme.
Beleſme v. ch　　　　　　　　　　i P.
　　Ville capitale de la conté du Perche.

A Beleſme par Chartres.

　　Fort a tenir.

Chartres, en Beauſſe　　　　　　　xx P.
Sainct Luperche　　　　　　　　　iii P.
Lōg lappes, ou la Louppee, long uillage　d. P.
Friaize　　　　　　　　　　　　　ii P. R.
　　Paſſe la liſiere de la foreſt de Champrond.
Champrond b.　　　　　　　　　　i P.
　　Suy encor la liſiere de ladicte foreſt.
Moulandon b.　　　　　　　　　　i P.
Les forges　　　　　　　　　　　　i P.
Riueraiz　　　　　　　　　　　　ii P. g.
Villeraiz　　　　　　　　　　　　　i P.
Verrieres　　　　　　　　　　　　i P.
L'hoſtel truchart ch.　　　　　　　i P.
L'hoſtel Morin v. ch.　　　　　　　i P.
Beleſme v. ch.　　　　　　　　　　i P. R.

A Nogent le rotrou.

Le bourg la Royne b.	ii	P.
Le pont Antony	i	P.
Maſſy b. ch.	i	P.
Palaiſeau b. ch.	i	P. R.
Ourſay b. ch.	i	P.
Sainct Clair b.	ii	P.
Chaumuſſon b.	i	P.
Bonnelle	i	P.
Rochefort	i	P.
Sainct Arnoul v.	i	P. g.
Ablys b.	ii	P.

Commence la Beauſſe.

Le gué de Lorray b.	ii	P.

Paſſe un petit ruiſſeau.

Chartres v. e.	iiii	P. R.
Sainct Luperche	iii	P.
Longlappes, *ou la* Louppe	d.	P.

Couruille, a main dextre.

Friaize	ii	P.

Foreſt.

Champrond b.	i	P.
Moulandon	i	P.
Les forges	i	P. R.
La Cloche	d.	P.
Nogent le rotrou v. ch.	ii	P. g.
	h.i.	

A Memers.

Chartres, cy deſſus	xx	P.
Sainct Luperche	iiii	P.
Longlappes, ou la Louppe	d.	P.
Friaiſe	ii	P.

Paſſe la liſiere de la foreſt de Champrond.

Chamrond b.	i	P.	R.

Suy encor la liſiere de ladicte foreſt.

Moulandon b.	i	P.
Les forges	i	P.
Riueraiz b.	ii	P. g.
Villeraiz b.	i	P.
Verrieres	i	P.
L'hoſtel Truchart ch.	i	P.
L'hoſtel Morin ch.	i	P.
Beleſme v. ch.	i	P. R.
Le gué du chaiſne	i	P.

Paſſe la riuiere de Nerine.

Crigny le roux	i	P. d.

Mauuais chemin.

Memers v. ch.	i	P.

Fait ſeparation du Perche & du Maine.

A Mayenne la Iuzeſt, ou Iuhel.

Dreux, cy deſſus	xv	P.

Laiſſe Nogent le Roy, Chaſteauneuf, & Timerau a main gauche, & Eſcorpain a main dextre.

Loings	iiii	P.

Vittry ch. *A costé gauche.*		d.	P.
Brezolles	I	P.	R.
Rouges maisons		d.	P.
La Ferté au Vidame		i	P.
Chesnebrun, *a costé dextre.* b. ch.		d.	P.
Marchainuille		i	P.
Sainct Maurice		i	P.
Forges a fer.			
La Ventrouse, *a costé dextre*		i	P.
Les trois cheminees		i	P.
Tourouure b.	i	P.	g.
Ou se font bonnes arbalestes.			
La Tarme m.		i	P.
Mortaigne, *sur montaigne* v. ch.		i	P.
Le pont sainct Denys		ii	P.
La Lasselle b.	i	P.	R.
Prez en pas		i	P.
Sainct Lir		i	P.
Iauron		i	P.
Le Rubay *Forest & landes.*		ii	P.
Mayenne la Iuzest v. ch.	iii	P.	g.

A Vernueil.

Dreux v. ch. *conté*		i	l. d.
Laisse Nogent le Roy, Chasteauneuf, & Timerais a			
main gauche.			
Sainct Remy ch.		ii	P. d.
Nonancourt v.		i	P.

h.ii.

Tilleres ch.   ii P.
Vernueil v. ch.   ii P.

Separation de Normādie & du Perche, deux grandes iournees, sur la riuiere d'Ion.

Autre chemin plus droict, & plus accoustumé.

Dreux v. ch.   i l. d.
Escorpain ch.   iii P.
Proudemanche   i P.
Sainct Lubin des Creuans   i P.
Saulx   i P.
Ballyues   i P.
Vernueil v. ch.   i P. R.

Au Mans.

Nogent le rotrou v. ch.   ii l. d.
La Ferté Benard v.   iiii P.
Seaulx b.   ii P. R.
Commarray b.   vi P. g.
Sainct Mars de la bruyere b.   ii P.
Yuray b.   ii P.
Le Mans v. e.   i P.

Des anciens dicte Cenomanum : *& le peuple* Cenomanenses, *sur la riuiere de Sartre.*

A Angers.

Orleans   ii l.
Blois   i l.

Amboife   d. I.
Tours v. arch.   d. I.
Le port fainct Cyre   iii P.
    Paſſe le bac ſur Loire.
Maillay   ii P.
La pile fainct Nicolas   i   P. R.
Sainct Mars   i   P.
Langers, ſur Loire   i   P. d.
La Fillaulniere   i   P. d.
Sainct Michau, ſur Loire   i   P.
Sainct Patrice   i   P.
La Chappelle blanche   ii P. d.
    Depart de Touraine & d'Aniou.
Donſay   iii P. g.
Varennes, *a coſté dextre ſur la leuee*   ii P.
Villebernier   i   P.
La croix verd, *faulxbourgs de Saulmur*   i   P.
Saulmur v. ch.   q.
    La fault laiſſer a gauche, & ne paſſer les ponts,
    qui ny aura a faire.
Sainct Lambert   d. P.
Sainct Martin de la place   i   P.
Les Roſiers   ii P. R.
Sainct Mathelin, *ſur la leuee*   ii P.
La Dagueniere   ii P.
    Paſſe le pont des forges ſur la riuiere de l'Aultyer.
Angers v. e.   i P. g.
    Dicte des anciens Andegauum.   Paſſe les

h.iii.

riuieres de la Chartre, Maine & Loire, lesquelles s'assemblent au port d'Espinay.

Il y a un autre chemin de Paris a Angers, qui est beaucoup plus court, mais moins frequenté: lequel conduit par Chartres, la Flesche, le Mans, &c.

A Chinon.

Tours	iiii	I.
Sauonnieres	ii	P.
Colombiers	i	P.
Valere	ii P.	R.
Le pont Hunault	ii	P.
Sur la riuiere d'Indre.		
La belle croix	i	P.
Bougnay, *hors la forest*	i P.	d.
Chinon, *sur* Vienne v. ch.	i P.	g.

Normandie.

La duché de Normandie fut premierement habitee par les Dannois, peuples de Dannemarch, descenduz des parties du North, dont ils furent appelez Normains, puis conioincte a la conté du Maine, & diuisee en deux parties. Contient en general ce qui est depuis Mayenne la Iuzest, en la conté du Mans, iusques a la mer d'Angleterre, qui eſt la haulte Normādie:& de l'autre coſté, ce qui eſt depuis Pontoiſe iuſques a Rouen, & de la, le long de la mer, iuſques a d'Vnquerque, es pays de Flandre, qui eſt la baſſe Normandie. Ladicte duché, ſoubs ce mot, Sacblé, contient les eueſchez qui ſenſuyuent: duquel mot chaſcune lettre porte le commencement du nom d'vne eueſché, aſcauoir Sees, Auranches, Coſtances, Bayeulx, Liſieux, & Eureux, auſquelles eſt ſuperieure l'Archeueſché de Rouen.

La haulte Normandie cōprend ſoubs ſoy la duché d'Alencon, Aumalle & Longueuille, côté d'Eu, moitié de Frāce & Normandie, la conté de Harcourt, Eureux & Tancaruille, Mauleurier, Mortain & Mōtgommery, qui ſont ſept contez, & trois duchez.

Le Veſquecin ou Vvlxin le Normand, comprend depuis Beauuoiſis & Pontoiſe iuſques a Magny, dont les lieux plus celebres ſont Giſors, ville capitale, côté & bailliage, Eſtrepaigny, Eſcouys, la grand foreſt de Lyons, ſainct Clair ſur Aitte, les deux Andelis, Chaſteau gaillard, & Vernon.

La baſſe Normandie comprend le pays de Caulx, du Beſſin, Cōſtantin, Houyuet, le royaume d'Iuetot, & le vaulx de Vire, qui a donné le nom aux chanſons de ce pays.

h.iiii.

Le pays de Caulx est cōme vne isle dans la basse Normādie, enclose d'vne part de la riuiere de Seine, & de l'autre enuirōnee de la mer Oceane. S'estēd iusques a Tresport & sainct Vallery, pres d'Abbeuille d'vn costé, & a la ville d'Eu d'autre. Le bout ou promontoire de laquelle isle, sappelle Le groing de Caulx: le lōg duquel on passe de Honfleu en l'isle d'Angleterre. Ha pour ville capitale Dieppe, puis Harfleu, Honfleu, & autres plusieurs ports de mer.

Le pays de Bessin, ha pour principales villes Bayeux, Caen, vniuersité & bailliage: puis Falaise, Vire, & autres.

Le pays de Constantin, comprend la baronnie de Houyuet, & le royaume d'Iuetot. Ha pour principales villes Constances, Valloingnes, Cherbourg, sainct Hermont, & sainct Saulueur.

Le royaume d'Iuetot est fort petit, & ne contient villes, bourgs ne lieux notables, seulemēt porte le nom de royaume, a cause de l'occision du seigneur dudict pays, faicte le iour d'vn grand vendredy, par vn Clotaire, premier du nom, Roy de France: dont fut ledict Roy condamné par sentence du Pape, laisser autant de droict & nom aux successeurs dudict seigneur, sur

leurdicte seigneurie, que les Roys ont sur
toute la France.

Chemins.

Les chemins de ceste Duché sont notables, a raison des marchandises qui abordent aux ports de mer.

A Rouen.

Pontoise, *cy dessus*	vii	P.	R.
Piseulx		i	P.
La Villeneufue		i	P.
Le bordeau de Vigny		i	P.
Passe par au long.			
Clery		ii	P.
Maigny b.	i	P.	g.
Sainct Geruais		d.	P.
La Chappelle		d.	P.
Sainct Cler, *sur Aitre* b.		i	P.
Tillier	i	P.	d.
Richeuille	i	P.	d.
Susay			q.
Boisemont			q.
Frenelles			q.
Muchegros			q.
Escouys b.		q.	R.
Grainuille sur Fleury b.	i	P.	d.
Fleury, *sur Andelle*		d.	P.

Monte la montaigne, & passe un tailliz, lieu au-
treffois dangereux.
Le bort Bauldouyn   i ℔.
Longboel   i ℔.
Franqueuille   i ℔. d.
Le Faulx   i ℔.
Rouen v. ch. arch.   i ℔. g.
Dicte des anciés Rothomagus, Port de mer. Force
fontaines & grand largeur de la riuiere de Seine.

A Honfleu, port de mer.

Rouen, au chemin cy dessus   ii I.
Par eaue, qui neult.
La Bouille   v ℔.
La Chappelle de Brestot   ii ℔.
Boucachart   ii ℔.
Le Ponteau de mer v.   iii ℔.
Vne lieue au dessus uoy le lieu ou la Seine entre en
la mer.
Honfleu v. ch.   v ℔.
Port de mer & apport de nauires.

A Caen.

Honfleu, cy dessus   iii I. d.
Touque   iii ℔. d.
Sainct Martin   i ℔.
Sainct Saulueur de Diue b.   ii ℔. d. R.
Satenelles   ii ℔.

Ranuille i P.
Colombelles i P.
Caen v. ch. vn. i P. g.
   Deux bonnes iournees de Rouen.

A Dieppe.

Rouen v. arch. ii L.
Le mont es malades ii P.
   Suy le long de la uallee.
Bondeuille i P.
Malaunay i P.
   Passe la riuiere de Claire, qui se rend en Seine.
Combres b. i P. R
Le vau Martin i P.
Baulter d. P.
Varneuille d. P.
Tostes b. i P.
Les quatre vents i P.
Bellemesnil ii P.
Saulqueuille ii P.
Sainct Aulbin, *sur Sye* b. i P. g.
Ianual d. P.
Dieppe v. ch. d. P.
   Port de mer.

A Alençon.

Dreux, *au chemin cy dessus* xv P.
   Passe la riuiere d'Eure. Boys.

Loings iiii l.
Vittry, *a costé gauche* d. l.
Beauche d. l.
Brezolles i l. R.
Rouges maisons d. l.
La Ferte au Vidame b. i l.
Chesnebrun, *a costé dextre* b. ch. d. l.
Marchainuille i l.
Sainct Maurice b. i l. g.
   Forges a fer.
La Ventrouse, *a costé dextre* i l.
Les trois cheminees i l.
Touroude b. i l.
La Tarme m. i l.
Mortaigne, *sur montaigne* v. ch. i l. R.
Sainct Aulbin i l.
Pont montisambert ii l.
   Terre de more, mauuaise montaigne.
Le Mesle, *sur Sartre* i l.
Sainct Leger, *a costé dextre* d. l.
Pont Frommont d. l.
   A la saillie du pont, costoye la forest de Bourse.
Le Mesnil beroult i l.
   Passe un pont.
Le ieu de paulme m. i l. d.
Alencon v. ch. du. i l. g.

La duché de Bretaigne.

La duché de Bretaigne, dicte des anciens Armoricque, fut royaume l'espace de six cēs trente quatre ans, est cotigue a la Frāce vers l'Oriēt, & a la mer Oceane vers l'Occidēt: ha six grādes iournees de lōg, & trois de large. Cōprend neuf sieges cathedraulx, a trois desquels, qui sont Nantes, Vānes & sainct Brieu, lon parle indifferēmēt Francois & Breton: a trois autres, qui sont Cornouaille, sainct Paul & Treguier, lon ne parle que le Breton bretōnāt, que lon dict estre encor l'ancienne langue des Troyēs. Aux trois autres, qui sont sainct Malo, Dol & Renes, lon ne parle que Gallo ou Vvalon, qui est le vray Francois : tous lesquels sieges sont eueschez, fors Dol, qui est archeuesché. Ceste duché tiēt au Poictou & au Rerry, vers Montagu, au pays d'Aniou vers Ingrande, & a la Normandie, aux endroits de la mer Oceane: est diuisee en deux parties, scauoir la basse & haulte Bretaigne

 La haulte Bretaigne ha plus participatiō de terre que de mer, & n'est seulement separee de la basse par les limites, que nous dirons cy apres: mais encor par langage vulgaire, approchant de nostre Gaulois ou

Francois, dōt a esté appeleé Galoise: cōtient le pays de sainct Brieu des vaulx, Lamballe, Mōtcōtoul, lugon, le pays de sainct Malo, Dinan, Plerremel, Iossalin, Malestroit, Pontigny, Redon, sainct Aulbin, sainct Iulian de Vouantes, Renes, Nantes, Auseuy & Clisson. Soubs lequel pays bordé de la riuiere de Loire, est comprins le pays de Rhez, le Clissonnois, & Chantaussy.

La basse Bretaigne costoye la mer pour la plus part, & est separee de lāgage d'auec la haulte, dont a esté appeleé Bretonnante. Cōmence vers la mer au Croisil, petite ville & port de mer, auquel entre la riuiere qui passe a Renes, & fine du costé de la terre a vn village appelé Chasteaulandran, assis entre Guingand & sainct Brieu : a la moitié duquel village, vne partie des habitans parlēt Breton Gallo, & l'autre Breton tonant, & estime lon la largeur dudict bas Breton, d'vn des endroits susdicts, iusques a l'autre sestēdre pour le moins deux grandes iournees. Cōtient la seigneurie de Grello, de laquelle le principal siege est Chasteaulandran, retenant le nom du quatriesme Roy de Bretaigne : comprēd encor le pays de Gueel, Baignon, Mōtfort & Vannetais, que de present est appelé Brouerech ou Bourgerech, a cause du Roy Boudic, qui la bailla en partage a son frere Erech. Ité la visconté de Rohan, & autres pieces. Ha pour principales villes Vannes, le Croisil, Kemperlan, Conquerneau, Kempercorentin, sainct Regnault des boys, Chasteaulain, Kerhaiz, Leon, Brest, sainct Regnan du fau, Laisenum, sainct Paul, Treguer, Lantreguer, Morlaye, Guingand, & autres.

Chemins.

Ces chemins sont frequentez, tant a raison de la mer, par laquelle on entre en Espaigne & Angleterre, comme a cause des marchandises & trafficques.

A Vittray, premiere ville de Bretaigne.

Alencon v. ch. du.	iiii	l.
Pont sainct Denys	ii	l.
La Lasselle	i	l.
Prez	i	l.
Sainct Cir	i	l.
Gauron b.	i	l. R.
Le Ribay	ii	l.
Forest & landes.		
Mayenne la luzest v. ch.	iiii	l.
Sainct George	i	l.

Passe la forest de Mayenne.

Vaultorte ii P.
Heruee b. ii P. g.
Iuuignay ii P.
    Montaigne & tailliz.
La Croisille b. i P.
  Passe un ruisseau, faisant le depart de la conté du Maine & de la duché de Bretaigne.
Vittray v. ch. ii P. R.

A Renes par Vittray.

Vittray vi l.
Sainct Iean, sur Villaine ii P.
Chasteaubourg i P.
    Passe le pont sur Villaine.
Noyal, sur Villaine ii P. R.
Cesson i P.
    Pont sur Villaine.
Renes v. ch. e. i P. g.

A Renes, le plus droict.

Mayenne la Iuzest v l.
Sainct George i P.
Vaultortu ii P.
Heruee b. ii P. g.
  Lande, au milieu de laquelle a un orme, ou y a un estendart, faisant separation du Maine & Bretaigne.
Fougeres ii P.

Sainct Aulbin du Cormier ii P.
    Autreffois uille.   Landes, ou fut la bataille fainct Aulbin.
Loffray b. i P. R.
    Foreft de Renes.
Renes v. e. ii P. g.

A Renes par Angers.

Orleans v. e. du. ii l.
Blois v. ch. i l.
Amboife v. ch. d. l.
Tours v. arch. d. l.
Le pont fainct Syre iii P.
    Paffe le bac fur Loire.
Maillay ii P.
La pile fainct Nicolas, fur Loire i P.
Sainct Mars, fur Loire i P.
Langers, fur Loire i P. R.
La Fillaulniere i P. d.
Sainct Michau, fur Loire i P.
Sainct Patrice i P.
La Chappelle blanche ii P. d.
    Depart de Touraine & d'Aniou.
Chonflay, ou Chouzay, ou Donzay iii P. g.
Varennes, a cofté dextre, fur la leuee ii P.
Villebernier i P.
La croix verd, faulxbourgs de Saulmur i P.
Saulmur v. ch. q.
    La fault paffer a gauche, & ne paffer point les pôts.

Sainct Lambert d. P.
Sainct Martin de la place i P. R.
Les Rosiers ii P.
Sainct Mathelin, *sur la leuee* ii P.
La Dagueniere ii P.
   Passe le pont de forges sur l'Aulxier riuiere.
Angers, *sur Maine* v. e. bail. i P. g.
La Touche aux asnes iii P.
   Landes.
Le Leuroux iiii P. R.
La Chappelle blanche iii P.
   Landes.
Sainct Iulian de Vouentes i P. g.
   Landes.
Chasteau briant v. ch. iii P.
Rotay b. ii P. R.
   Bocquet.
Tourie d. P.
   La lande du Foyal, grande & perilleuse.
Les trois Maries iii P.
Sainct Arnoul des boisseaulx i P.
Vertz i P. d.
Sainct Esliers, *faulx bourgs de Renes.*
Renes v. ch. e. g.

A Montfort.

Renes, *au chemin cy dessus.* viii l.
Vesin i P.
L'hermitage i P.

La pierre blanche   i P.
Montfort v. Conté.   i P.

A Guinguand, principale ville de l'Euesché de Treguier.

Renes v. ch. e. *au chemin cy dessus*   viii l.
La barre de Becherel   v P. R.
Dinan, *foire.*   v P. g.
Iugon, *Voy les chasteaulx antiques.*   iii P.
    Montaignes & uallees.
Lamballe   iii P. R.
    Landes & boys.
Sainct Brieu v. e.   iiii P.
Chastelandran b.   iii P. g.
    La se change le langage.
Guinguand v. e.   iiii P. R.

Par la porte de Renes, en la uille de Guinguand, lon ua a Morlez, a sainct Mahé de fine poterne, a Leon: par le bourg sainct Michel, a Cornouaille.

A Lantreguier.

Guinguand, *cy dessus.*   x l.
Lantreguier   iii P. R.
    Ville de laquelle sainct Yues fut official.

A Morlaye, port de mer.

Guinguand, *cy dessus.*   x l.
Beslisle b.   iiii P.

i.ii.

Pontoul b.   iii P. R.
Morlaye v.   ii P. g.
    Bon port de mer pour les neceßitez des Anglois.

A sainct Malo.

Renes, *au chemin cy dessus*   viii l.
La barre de bocherel   v P. R.
Dinan, foire v.   v P. g.
Chasteauneuf   iii P.
Sainct Malo   ii P. R.
    Forte place dans la mer.

A Nantes.

Angers, *sur Maine* v. ch. e.   vii l.
Le petit Pari   ii P.
Chatauffay   ii P.
Ingrande v   i. P. R.
    Prairies le long de Loire, separation d'Aniou & Bretaigne.
Ancenys b.   iiii P.
Oudon.   ii P. g.
    Landes.   *Voy la tour ancienne.*
Maulne, *en rocher*   ii P.
    Prairie.
Tousay   i P.
Nantes v. ch. e.   i P.
    Ville principale de Bretaigne, assise pres la mer, & ayant la commodité de trois rivieres, qui leans entrent en Loire.

A Brest par Nantes.

Nantes, *cy dessus*	vi	I.
Boys.		
La Pasque laye	iii	P.
Landes.		
Bogarre b.	iiii	P. R.
Boys taillis.		
Roset	ii	P.
Landes.		
Redon v.	iii	P. g.

De la uient le bras de mer qui ua au Croisil.

Passe le pont Corbin	ii	P.
Malestroit v.	iii	P. R.
Iosselin v.	v	P. g.
Moyal v.	iii	P.
Grandes foires.		
Pontigny	i	P.
Le Perret b.	iii	P. R.
Roestreman	ii	P.
Rerchays b.	iiii	P. g.
La Fueillee	iiii	P. R.
Landerneau	v	P. g.
Port de mer.		
Brest v. ch.	ii	P.

Grand port de mer, le plus excellent de Bretaigne, duquel semble que Bretaigne ait prins le nom.

i.iii.

A sainct Paul, par Nantes.

Rerchays, *au chemin de Brest.* ix l.
Sainct Paul v. ch. vii P. g.

A Vannes.

Nantes, *au chemin cy deuant.* viii l.
 Landes.
Le Temple b. iiii P. R.
 Landes.
Sauenay b. iiii P. g.
Pontchasteau b. ii P.
 Bredaische, haulte forest ancienne.
La roche Bernard b. i P.
 Port de mer dangereux, ou passe le brachs entre le
  Croisil & Redon: & la est la mutation de
  langage de la l'eau.
Murillac iii P. R.
 Ou se prennent les bonnes moufles, sur la mer.
Le Bondon, *maison ancienne, & seiour des ducs
 de Bretaigne, ou y a parc.* i P. d.
Vannes v. e. i P.
 Ville ancienne, du temps de Iule Cesar, & qui luy
  feit grand peine a subiuguer. Passe un brachs
  de mer, qui fait port.

A Quimpercorentin.

Premiere ville de l'euesché de Cornouaille.
Vannes, *cy dessus.* vii l. d.

Ancray, *port de mer.* iiii P. R.
Hennebont b. vi P. g.
 Port de mer.
Pontſecort v. iii P.
 Vallee pres la mer, force huyſtres, port de mer.
Quimpelay v. ii P. R.
Roſſeperdan b. iiii P.
Quimpercorentin v. ch. iiii P. g.

La duché de Berry.

La duché de Berry, pays fertile en laines & beſtail, ha pour principale ville Bourges, ou ſe retira le Roy Charles ſeptieſme, preſſé des Anglois : contient encor Iſſoldun, la Chaſtre, Argenton, le Blanc, Chaſtillon ſur Indre, Buzancaiz, l'Euroux, ſainct Aignan, Selles, Vatan, Gracay, Rully, Vierzon, Meun, Dun le Roy, Chaſteauroux, & le bourg Dieu. Commence a Ville franche pres Remorentin, apres incontinent auoir paſſé la riuiere du Cher, qui la fait ſeparation de la Solongne auec ladicte duché. S'eſtend d'vn coſté iuſques a Eſne ſur Loire : auquel endroit eſt ſeparé d'auec le pays de Bourbonnois, ainſi qu'a vn petit ruiſſeau paſſat par vne ferme nōmee le Faye, a trois lieues d'Argenton. Elle

i.iiii.

est aussi separee d'auec le hault Poictou, & par vn autre petite riuiere nommee Clery, passant a deux lieues de Chastillon sur Indre, est diuisee du pays de Touraine: & encor par vn autre petit fleuue nõmé Croure, passant au dessus d'Argenton, est separee du Limosin. Au surplus elle adhere a la côté de Blois, vers Selles & sainct Aignan. Comprend la conté de Sanxerre, Concressault, & autres pays. Ceste duché est ainsi que plusieurs autres cy dessus mentionnees, diuisee en bas & hault pays. Le bas Berry comprend ce qui est depuis Bourges iusques au blanc en Berry, & celuy qui tient a la Solongne. Le hault Berry comprend ce qui est depuis le Blanc en Berry iusques a la marche de Limosin & Poictou

Chemins.

Soubs ce pays y a chemins apparents & frequentez, pour les laines, bestiail, & accez aux autres contrees.

A Bourges.

Orleans v. ch. vn. *cy dessus*	ii	l.
Oliuet	i	l.

Pren chemin a main dextre.

Cormes, *sur main gauche, a costé des boys de la
 Ferté, qu'il fault passer,* ii P.
La Ferté sainct Aulbin ii P. R.
 Sainct Aulbin ioignant.
Menestreau b. ii P.
Vouzon b. ii P.
 Pres la Mote Beuueron, chasteau.
Le Molinet, *petite hostelerie.* i P.
Pierrefiste b. i P. d. g.
Souesme ii P.
Neuuy, *sur Berenion* b. iii P. R.
Aloigny ii P.
 Forest d'Aloigny.
Bourges v. arch. iiii P. g.
 *Assise en plaine peu esleuee: d'un costé garnie des
 petites riuieres d'Ausron & Aurette d'une part,
 & d'Yeure & Molon de l'autre. Des anciens
 nommee* Biturris, *a cause de deux tours fai-
 ctes par deux freres, qui deuiserent ce pays en-
 tr'eulx. Et encores de present y est l'une des
 tours en nature. Aucuns dient, que c'est* Auaricum, *de Iules Cesar.*

A Dun le Roy.

Bourges, *cy dessus* iiii P.
Sainct Iust iiii P.
Dun le Roy v. iii P. g.

138

A la Ferté sainct Aulbin.

Orleans, *au chemin cy dessus*	ii	l.
Oliuet b.	i	l.
Passe les faulxbourgs, pren main dextre.		
Cormes ch.	ii	l.
Pren main gauche, a costé du boys.		
Passe le boys de la Ferté.		
La Ferté sainct Aulbin	iiii	l. g.

A Chasteauroux.

La Ferté sainct Aulbin, *cy dessus.*		
Pren chemin a main dextre hors le bourg: passe un pont sur la riuiere d'Esne.		
Chaulmont v. *En Solongne.*	iii	l.
Chasteau vieulx b.	iii	l. R.
Passe le pont d'Arignon.		
Millançay b. ch.	ii	l. d.
Passe le boys de Romorentin.		
Romorentin v. ch.	ii	l.
Villefranche v.	ii	l. g.
Passe la Sauldre.		
Le pont de Places	ii	l.
Gracay v. ch.	ii	l.
Vatan v. ch.	ii	l. R.
Chasteauroux v. ch.	ii	l.
Sur Indre, baronnie, ressort de Bourges.		

Au blanc en Berry.

Chasteauroux, *cy dessus*.	iiii	l.	d.
Luan b.	iii	P.	
Nuray le ferron	iii	P.	R.
Ruffec	iiii	P.	
Le Blanc v. ch.	iii	P.	g.

A Argenton.

Chasteauroux, *cy dessus*.	iiii	l.	d.
Laultrel	iii	P.	
Argenton	iiii	P.	

Derniere uille de Berry, ou commence le Limosin, sur la riuiere de Croure, suyuant laquelle pouez encor aller a sainct Gaultier, qui est deux lieues dela ledict Argenton.

A Aingrandes.

Chasteauroux, *cy dessus*.	iiii	l.	d.
Luan	iii	P.	
Nuray le ferron	iii	P.	R.
Ruffec	iii	P.	
Le Blanc v. ch.	iii	P.	
Aingrandes v. ch.	ii	P.	g.

A Leuroux.

Chasteauroux, *au chemin cy dessus*.

Villegongis	iii	P.	
Leuroux v. ch.	i	P.	d.

A Vaillancay.

Leuroux, *au chemin cy deſſus.*
Bauldres　　　　　　　　　　　　iii P. R.
Selles　　　　　　　　　　　　　　iii P.
Sainct Aignan　　　　　　　　　　ii P.
　Ces deux uilles font le depart de la conté de Blois
　　& Berry.
Vaillancay v.　　　　　　　　　　iii P.

A Cuys deſſus.

Chaſteauroux, *cy deuant.*
Le Guay de Venay　　　　　　　　iii P.
Baſſieres daillac　　　　　　　ii P. R.
Cuys deſſus　　　　　　　　　　　iii P.
　Ville frontiere de Berry & Limoſin.

A Buzancaiz.

Chaſteauroux, *cy deuant.*
Villedieu　　　　　　　　　　　　iii P.
Chambon, *ſur Indre*　　　　　　　q.
Buzãcaiz, *ſur Indre* v. ch. conté ii P. g.

A Chaſtillon ſur Indre.

Buzancaiz, *au chemin cy deſſus.*
Sainct Genoult　　　　　　　　　ii P.
Chaſtillon, *ſur Indre*　　　　iii P.
　Siege royal particulier du bailly de Touraine, Cle-
　ry, la riuiere a deux lieues de la, fait le depart de
　la duché de Berry, auec la conté de Touraine.

A Vierzon.

Orleans	ii	l.
Passe le boys.		
La Ferté sainct Aulbin	vii	P. R.
La Motte Buueron	iii	P.
Noan le fuzelier	ii	P.
Sainct Allebrix	iii	P. g.
Depart de Solongne & Berry.		
Le pont des assis	ii	P. d.
Vierzon v. ch.	ii	P. g.

En ce lieu demoura Cesar une annee, & dict on que c'est Auaricum.

A Yssouldun.

Vierzon, cy dessus.		
Ludre		ii P.
Yssouldun v. ch. *En hault lieu.*		ii P.

Siege capital du bailliage de Berry, & y faict on les bons gans de cheurotin.

La duché de Nyuernois.

La duché de Nyuernois ha pour principales villes Neuers, la Charité, puis les Lades, & les Grâches, Lourchi, Montenoison, Buzet, & Flammerant.

Chemins.

En ceste part, n'y a chemins fort notables, sinon pour aller a Lyon.

A Neuers.

Montargis, *au chemin cy dessus.*	ii	l.
Mormant b.	i	P.
Nouan v.	iii	P. R.
Les Besars m. *Boccage.*	i	P.
La Buissiere m.	ii	P.
Briare, *sur Loire* v.	iii	P. p.
Bonny v.	iii	P. g.
Neufuy	i	P. p.
La Selle	i	P.
Cosne, *sur Loire* v. ch.	ii	P. R.
Maletauerne	ii	P.
Pouilly	ii	P. p.
Le Mesnil	i	P.
La Charité v.	ii	P. g.
Gerungny	ii	P.

Mauuais chemin, & rue du diable, en prairie, le long de la riuiere.

Neuers v. ch. e.	vi	P. p.

Le pays de Bourbonnois, Forest & Lyonnois.

La duché de Bourbonnois, comprend les contez de Beauiolois & Forest, & tient d'vn costé au pays de Berry vers sainct Amand & Ajnay le chastel, de l'autre au Nyuernois & Forest, & de l'autre au pays d'Auuergne: ha Molins pour ville capitale, puis Bourbon l'Archimbault, Montmerault, Cosne (bõ pays pour le bestail) Mõtlusson, sainct Porcin, pays de bons vins (que touteffois lon dict estre d'Auuergne, & du bailliage de Montferrand) Cusset, Chantelle, Charroux, Verneul, Varennes sur Alier, Gannat pres d'Auuergne, Le montet aux moynes, Soüuigny le conte, ou aux moynes, la Palisse, bons vins, Erisson, Sanconigs, sainct Pierre le Moustier, Dinay le chastel, sainct Amand, & autres.

Le pays de Combraille, qui est comme vn hault Bourbonnois, tient en partie de montaignes.

Le Beauiolois, dont la principale ville est Beauieu, comprend ce qui est entre la riuiere de Loire & la Sosne, est assis vers l'Orient entre Forest & Bourgongne.

Le pays de Forest, dont la principale ville est Roane, assis vers le Septentrion, tient d'vne part an Bourbonnois, de l'autre en Beauiolois, adhere au Lyõnois entre sainct Martin & Feur. Est cõioinct au pays d'Auuergne entre le Pau & Cropieres.

Le Lyonnois comprend ce qui est deſa le fleuue de Loire en amont, adherāt ſelon le Roſne au Daulphiné, & a la Sauoye.

Chemins.

Par ce pays ſe faict diſcours au Lyonnois, & autres endroits, parquoy les chemins ſont habitez.

A Molins.

Neuers, *au chemin cy deſſus.*
La rue d'enfer, *mauuais chemin*   i l.
Magny   ii l. p.
La Charité v. *ſur Loire.*   iiii l.
Sainct Pierre le Mouſtier v. bail. iii l. R.
Villeneufue   iiii l. p.
Molins v. ch.   iii l. g.

Voy le beau chaſteau, & ancien palais des ducs de Bourbon.

A Ainay le Chaſteau.

Bourges, *au chemin cy deſſus.*
Sainct Iuſt   iiii l.
Dun le Roy b.   iii l. R.
Le pont didz   ii l. d.
Ainay le Chaſteau v. ch.   ii l. d. g.

A Coſne en Bourbonnois.

Ainay le Chaſteau, *au chemin cy deſſus.*
La bruyere l'aubeſpin   iiii l.

La Caue   iii P.
Cofne en Bourbonnois   b.   ii P.

A Aigueperfe.

Cofne en Bourbonnois, *au chemin cy deſſus.*
Ville franche   v.   ii P.
Sazeret, *ou Montmerault*   ii P.
La Couts   ii P. R.
Chantelle la vieille   ii P.
Ienzat, *Port ſur la riuiere de Siolle*   ii P.
Gannat   v.   ii P.
Aigueperfe   v.   ii P. g.
   Mõtpenſier, *au deſſus a un quart de lieue*   ch. du.

A Bourbon.

Molins, *cy deſſus.*
Bourbon   v. du.   iiii P.

A Lyon, le grand chemin.
Soubs lequel ſont comprins les chemins de Varennes & Rouane.

Molins, *cy deſſus.*
Tolon   i P.
Beſſay   ii P. R. p.
Sainct Loup   ii P.
Varennes, *ſur Alier*   v. ch.   i P. g.
   Verneul & ſainct Porcin *a main dextre, pays de bons uins.*   Paſſe la uallee, *mauuais chemin.*
lz.i.

Sainct Geran de Vaulx ii P.
Parigny d. P.
La Paliſſe v. ch. i P. d.
La Tour i P. d.
Sainct Martin i P. R.
La Paſquaudiere i P. P.
Changy d. P.
Roane, ſur Loire v. ch. iii P. g.
L'hoſpital i P. d.
Sainct Saphorin de Loy i P. d.
   Qui eſt Gillette, a main gauche.
        Petite montaigne.
La Fontaine i P. d.
La Chappelle d. P.
   Au deſſus de la montaigne.
Tarare, *au bas de ladicte montaigne* d. P. R.
Pontocherra i P.
   Beauſſe, chaſteau a main dextre.
Bully ii P.
La Breſſe b. d. P.
La Tour i P.
Eſcailly i P.
   Montribleau, vieil pont & maſure, du temps des Sarrazins.
Lyon v. ch. arch. Primat d. P. g.
   Frontiere de France & Sauoye, paſſage general pour les Itales.

A Lyon par Orleans.

Orleans, *au chemin cy dessus.*   ii L.
Oliuet b.   i P.
Menestreau b.   v P. R.
Pierrefitte b.   v P.
Soesmes   ii P. d.
Neufuy, *sur Berenion*   ii P. d.
Bourges v. ch. arch. vn.   vi P.
Sainct Iust   iiii P.
Dun le Roy v.   iii P. g.
Pont de Chargy   iiii P. R.
Couleuure   iii P.
Franchesses   iii P. g.
Molins v. ch.   v P. R.
Bessay   iii P.
Varennes pr.   iii P. g.
La Palisse   iiii P.
La Pasquaudiere, *bonne hostellerie* iiii P. R.
Roane v. ch.   iiii P. g.
Sainct Saphorin   ii P.
Tarare   iii P. R.
La Bresle   iii P.
Lyon v. ch. arch. Primat   iii P. g.

A Lyon par la Bourgongne.

Le plus plaisant, & seur.

Diion, *au chemin cy dessus.*
   Laisse Talan a main dextre, qui est uille forte, sur montaigne.

lz.ii.

Barigny i P.
Vaulyon i P.
 Mauuais chemin.
Nuiz, sur Beaulne ii P.
Argilly ii P. d. R.
Sainct Auerny ii P. d.
Beaulne v. d. P.
 Coste de uignoble.
Chagny iii P. g.
Germoles i P.
Chaalons, sur Saosne, uille marchande iii P. R.
Derou d. P.
Heure, ou Seure, ou on faict les huppins noirs d. P.
La Ferté, sur Grosne ii P.
 Premiere des quatre filles de Cisteaulx.
Tornut v. iii P. g.
Montbelet ii P.
Chantarban i P.
La Saule i P.
Sainct Iean le Preschant i P. R.
Mascon v. i P.
La maison blanche ii P.
Belle ville, *mal nommee* iii P.
Ville franche v. ii P. d. g.
Ance v. i P.
Pierre Laurens v. i P.
Sainct Antoine, *hermitage dans les boys.*
Lyon v. ch. arch. primat ii P.

Sauoye.

La duché de Sauoye, dicte comme Sauluoye (a raison qu'au parauant, & du temps des Allobroges, c'estoit vn dangereux passage au pied des monts) ou bien du nom ancien *Sebusiani*, lesquels a present on nōme Sauoisiens, commēce a Lyon, en montant le long du Rosne d'vn coste, iusques a Lozane: & de l'autre, costoyant les montaignes, iusques aux Alpes. Ha pour principale ville Chambery, la Tarentaise, Moustiers, Aisguebelle, Montbelial, & autres: Adhere au Daulphiné le long dudict Rosne, au riuage duquel est bornee de Pierre Chastel, abbaye de Chartreux. Ce pays est assis partie en montaignes, commenceant au pont Beauuoisin: passee la riuiere du Iart, comprenant le val d'Otto, que lon dit Vauldauste (possible pour la ville d'Arste qui n'en est pas loing) par ou trauersa Hannibal aux Itales, la Tarentaise, & autres: & en partie en plaine, comprenant la haulte & basse Bresse, desquelles la principale ville est Bourg en Bresse.

Chemins.

Les chemins de ce pays ne sont grande-

lz.iii.

ment frequentez, que pour le passage des Itales.

A Chambery.

Lyon, *cy dessus*.
Le chasteau de Bron, *a gauche*   d. P.
Sainct Laurens b.   ii P. d. R.
Poullieu   d. P.
La Vorpiliere v.   i P. d. g.
Bourgouyn v.   ii P.
Secieu v.   i P. R.
    Impetueuse riuiere.
La tour du Pin ch.   i P.
    En Daulphiné.
Le pont Beauuoisin   iii P. g.
    Sur la riuiere du Iart, laquelle en cest endroit fait separation du Daulphiné & Sauoye.
    Montaignes.
Le Pin   i P.
Aiguebelle v.   ii P.
    Lac dedans la ville. Monte montaigne haulte, qui sappelle Aiguebellette.
S. Michel, *chappelle desmolie*, Voyage   i P. R.
    Descends la montaigne.
Le lac du Bourget   d. P.
Nostre Dame ne Chaulny, Voyage.   d. P.
Chambery v. ch.   d. P. g.
    Siege capital, & Parlement de Sauoye.

A sainct Iean de Morienne.

Chambery, cy dessus.
Montmelian v. ch.   iii P.
   Passe l'Isere ou Isere, & monte la montaigne.
Ribault, chasteau a main dextre   d. P. R.
   Myrlant, chasteau fort, a main gauche.
Chamenis   ii P. R.
   Chasteau de marbre noir, sur le chemin.
Aiguebelle v.   i P.
   Sur la riuiere d'Aire.   *Montaignes.*
Argentine   i P.
   Forges a fer.
La Chappelle.   *Montaignes.*   ii P.
La Chambre v. ch.   i P. g.
Pont regnard, sur Aire   i P.
Pont a meufroy   i P.
Pont Armillon   i P.
Sainct Iean de Morienne v. ch.   d. P. R.
   Et de la, qui ueult passer les môts pour trauerser au Piedmont en Italie, suyura le chemin qui sensuyt.

A Turin, ville capitale de Piedmont.

Sainct Iean de Morienne, cy dessus.
Sainct Iulian   i P.
Sainct André v. ch.   iii P. R.
Bregarre   i P.
   lz.iiii.

Bourget, *a main gauche* i P.
Brasme i P.
Sollieres i P.
Tresmignon i P.
Lasnebourg ii P. g.
Le mont Senys
    Monte roide.
La Ramasse i P.
    Nostre Dame des Neiges, a gauche.
La Chappelle des transis i P. d.
    Au milieu de la place sur le mont.
La Tauernette i P. R.
L'hospital i P.
La Ferriere b. i P.
La Noualese v. ii P. g.
Suze v. i P.
Borseling i P.
Sainct George v. d P. R.
Sainct Ambroise v. ii P.
Sainct Michel ii P.
Viglanne v. i P. g.
Resmiers, *Hospital sainct Antoine* v. i P.
Riuole v. ch. ii P.
Turin v. ch. vn. ii P. R.
    Ville capitale, Parlement, & Archeuesché, dicte Taurinum, a cause du mont Taurus, qui est l'Alpe de cest endroit.

Le Daulphiné, & ses dependences.

Le Daulphiné cõmence a la Guillotiere, faulxbourgs de Lyon, bornant la riuiere du Rosne en amont, le long duquel est separé de la Bresse, pres Quirieulx: adhere au Marquisat de Saluces & a la Prouẽce, vers Cysseron, au conté de Venise a Montelimart, au Piedmõt, a sainct Ambrois, a la Sauoye, a Pierre Chastel, & au pont Beauuoisin. Ce pays est situé, partie en mõtaigne, partie en plaine, mais ne sont les montaignes de Daulphiné tant infertiles que celles de Sauoye, en tesmoignage de la montaigne de Chalemont, dont viennẽt les bons vins du costé de la montaigne de Vauloire & Vauloiron, la Vache, & de Nybe, & encor de la Vaulpute, qui sont endroits fertiles en toutes choses que lon scauroit soubhaiter.

Le Daulphiné comprend les duchez de Viẽnois, dont Vienne & Romás sont principales villes: de Valentinois, dont Valence est principale ville: la côté de Rossillon, comprenant le Vauloiron, dont viennent les bons marrons : la comté de Champsant, les pays des Baronnies, dont le Buis est principale ville : de Brienconnois, depuis lequel commence le mont de Genefue, faifant le depart d'Italie & Daulphiné. Soubs cedict Daulphiné font auffi comprins le pays de Giuodan, dont la principale ville eft Grenoble, parlement & ville capitale de tout ledict Daulphiné: le pays de Trefues, dont la principale ville eft Mens : le Gapencois, pays de montaignes, dont la principale ville eft Gap euefché: le Dinois auffi pays de montaigne, dont la principale ville eft Dine euefché : auec l'Ambrunois, encor pays de montaignes, dont la principale ville eft Ambrun archeuefché.

Les montaignes du Daulphiné, en commenceant depuis Grenoble, & prenant le chemin du bourg d'Oyfans, font la montaigne de Lans, retenant le nom du petit village dict Lans, le col de Perfant, qui dure iufques a Briencon, & le mont de Genefue, qui conduit en Italie. Encor aupres dudict Briancon y a vne roche ou montaigne percee par le milieu, par laquelle Cefar entra dans les Gaules, apres auoir paffé le mont Godard. Et a l'entree de ladicte roche, entaillee en porte, y a infculpé D. *Cafari Augufto dedicata: Salutate eam.* Depuis Grenoble, prenant le chemin du pays de

Gapencois, y a la montaigne de l'Affrey, la montaigne de Pontault, qui est pont entre deux roches, d'incredible haulteur, & admirable artifice. Le col de Chauuet, au pied duquel est Gap: le col de Maure dangereux, au pied duquel est la ville de Bastinoue: La montaigne de la Basme, qui est ville close, se nomme Le col de Cabre, pour l'abondance des cheures: le col de Laignel, qui est en allant a Dine. le Vauloire, dict *Vallis aurea*: la Vaulpute, le val de la vache, qui sont trois vallees fertiles, fors qu'en vins, & contiennent pres de cent villages. Le val de Nybe, fertile en vins, huiles, fruicts, & froumens. En ce val y a vn pertuis ne passant point oultre ledict val: d'ou sort vn vent furieux, qui ennuye quelque fois bien fort aux habitãs: parquoy on l'a voulu bouscher, mais il le fallut ouurir de rechef: par ce qu'estãt cloz, le pays dudict val ne portoit aucun fruict ne pasturage.

Les villes des montaignes de Daulphiné sont, Dine euesché, Gap euesché, Vayne euesché, Serre, Ambrun archeuesché, Briancon euesché, le Buyz, saincte Euphemie, Talart, Vauxerre, Cherges, Corp, la Meure, Mens, Visille, dont vient le marbre, Ours, Essilles, clef de Daulphiné, Chasteaudaulphin, Guilleſtre, Seyne, Chaſteauroux, dont vient l'ardoiſe, ſainct Clement, la Bauſme, Meuclou, Chaſtillon, Mõtbrun, Romullianette, le Buyz, Vxaiz.

Les villes du plat pays ſont, Quirieu, Cremieu, la Vorpiliere, Bourgoing, la tour du Pin, le pont Beauuoiſin, qui eſt pour la moitié de Sauoye, la coſte ſainct André, ſainct Donat, ſainct Antoine, Marchelan, Villeneufue, ſainct Marcelin, Tulins, Lãben, dont viennent les bons peignes, Modrã, Moretel, ſainct Vallier, Beaurepaire, beau pays, Moraz, Neyron, Boſſillon, Len, bon pays, Ten, bons vins, Chaſteaudimble, Aleſſan, Montelier, Baumõt, Lauriol, Cret, Salliens, dont viẽnent les bons haultboys, Verane, ſainct Paul eueſché, Auallon.

Les villes, ſelon les riuieres, ſont ſur le Roſne, Viẽne, Valence, Montelimart : & ſur Iſere, Mõtmelian, Grenoble, & Rommans.

Chemins.

Les chemins de ce pays ſont notables, pour la cõmodité des biens qui en viẽnẽt.

A Grenoble, le plus droict.

Lyon, *au chemin cy deſſus*.

La Ferrandiere, *maison rusticque*   i P.
Irieux   iii P. R.
    Forest d'Artays, dangereuse, durant deux lieues.
Artays   ii P. d.
    Bruyeres & estangs.
Champieres   i P. d. g.
    La forest de Ryere, boys dangereux.
Riues, *bonnes espees.*   iii P.
Moyrens   i P. R.
    Meschant chemin.
Vorepe   i P.
Sainct Robert   b.   pr.   i P.
Sainct Martin, *bons uins*   d. P.
Grenoble   d. P. g.
    ville, parlement, bailliage, situee au pied de la montaigne de Chalemont, qui est celle qui apporte les bons uins, appelez de Coste.
    Passe la riuiere d'Isere par le milieu.

A Grenoble, le plus aisé.

Lyon, *cy dessus*   viii l.
Sainct Laurens   ii P.
La Verpiliere   b.   i P. R.
Bourgoyn   v.   ii P.
La tour du Pin   b.   ii P. g.
Chirinc   i P. d.
La Meurette   d. P.
Moyrens   i P.

Vorepe i P.
Sainct Robert i P. R.
Sainct Martin d. P.
Grenoble, v. ch. parl. d. P.

Pour les excellences & antiquitez de ce pays, uoy une tour antique a une lieue de Grenoble, au uillage dict Pariset, que l'on nomme la tour sainct Venim, par ce que nulle beste uenimeuse n'y peult demourer uisue, & est ce neantmoins inhabitee.

Vne montaigne pres du moustier de Clermont, que lon dict inaccessible, combien que fort grande, par ce qu'elle est toute de roche uisue, & trop droicte & unie, au dessus de laquelle lon y uoit beau pasturage des autres montaignes.

Vne fontaine ardente a une lieue pres de Vif, qui est bourg à trois lieues de Grenoble, en laquelle perpetuellement on uoit le feu, principalement quand il pleut, & que le temps est couuert, & quelque chose que lon met au dessus se brusle.

Les tinnes de sassonnaige, qui est un lieu caué dans un roch a une lieue de Grenoble, duquel lon dict, quand il est plein d'eaue, l'annee estre mauuaise: & au contraire, bonne: & trouue l'on plusieurs pierres fines au fond desdictes tinnes de toutes couleurs, ayās uertu de guarir de la grauelle, & paille qui entre dans les yeuls.

A deux lieues de Grenoble y a Visille, bon bourg,

au lieu de la Rommanche, auquel lieu lon tire pierres de marbre & alebastre.

A Vienne.

Lyon, cy dessus.
Saint Saphorin   iii P. p.
Vienne   ii P. R. p.
    Ville antique, & force ruines, sur le Rosne & sur Lyonne, laquelle se met dedans le Rosne a ladicte ville, & est quelquesfois si impetueuse, que l'an mil cinq cens quarante trois, elle a peu ruer ius un pont, auec les maisons d'une rue de long. Voy les grandes pyramides dans les uignes, ou lon dict auoir esté le logis de Pilate.

A Rommans.

Lyon, cy dessus.
Le chasteau sainct Prier   i P.
    A main gauche.
Erieu   ii P.
Artays   ii P. d. R.
Chatonnet   ii P.
La coste sainct André   ii P.
Rebours   ii P. g.
Sainct Antoine de Viennois   ii P.
Rommans v. ch. vn. e.   iii P.

A Montmelian.

Grenoble, cy dessus.
Montbonou b.   ii P.

Mons ouueru abb. d. P.
Les hayes i P.
Crolles d. P.
Lumbin b. d. P.
La Terrasse d. P.
Le Touuet d. P.
La Buissiere v. ch. d. P. R.
 Le boys de Sernette dangereux.
Chappeau Roillant i P.
 Beau pays.
Montmelian v. ch. i P. g.
 Sur l'Isere.

Autre chemin, pour euiter le danger.

Grenoble, *cy dessus.*
Giere d. P.
Dommene d. P.
Le Versou d. P.
Villerbonnou b. d. P.
 Passe une riuiere, ou lon bat le fer & l'acier.
Le Cham d. P.
Tensin b. i P.
Gonselin v. i P. R.
Chelas d. P.
Pont Cherroy, *sur l'Isere* i P.
Montmelian v. ch. ii P. g.

A Gap.

Grenoble, cy deſſus.
Paſſe la Rommache, riuiere qui uiēt du bourg d'Oy-
ſone, & perd ſon nom au deſſoubs Champs, entrant en la riuiere de Drac.

Champs	ii	P.
Monte la montaigne.		
Laffray	i	P.
Trois lacs ſuyuans.		
Pierre chaſtel	i	P. R.
La Meure	i	P.
Ponthault		q.
Soubs torrent.		
Baumont	iii	q.
Les Souchons	d.	P.
Corp	ii	P.
Aſpres	d.	P.

Paſſe le pont de Seuereſſe, ſur torrent dangereux, uenant de la uallee de Gaudemar, ou le ſoleil n'entre
iamais : lequel torrent ſe perd au Drac, enuiron un
quart de lieue au deſſoubs dudict pont.

Le plain des bannes	d.	P.
L'hoſtellerie neufue	d.	P.
Sainct Euſebe	i	P. R.
Paſſe le Drac.		
Bonnet p.	i	P.

Paſſe le col de ſainct Digo, haulte montaigne.

l.i.

Gap v. baill. e. *au pied dudict col.* ii ₽. g.

A Ambrun.

La Baſtinoue   ii ₽.
Cherges   i ₽. R. p.
Le pont de Saume, *ſur Durance*   ii ₽.
Ambrun v. arch.   i ₽. g. p.
    Au bas de la montaigne.

A Briancon.

Ambrun, *cy deſſus.*
Sainᴄt Creſpin   i ₽.
Chaſteauroux   i ₽.
    De la uiennent les ardoiſes.
Sainᴄt Clement   ii ₽. R. p.
    Village en croppe de montaigne, choſe admirable.
Briancon   ii ₽. g. p.
    Paſſe le mont entre Piedmont & Gourſe.

A Valence.

Lyon, *cy deſſus.*
Sainᴄt Saphorin   ii ₽. p.
Vienne   iii ₽. R. p.
Auberine   ii ₽. p.
    Le peage de Rouſſillon, au deſſoubs de la contree.
Sainᴄt Rambert   ii ₽.
Sainᴄt Vvalier   ii ₽. g.
La maiſon naifue de Pilate   i ₽.

Tain　　　　　　　　　　　ii ℔. p.
  Beau chemin.
Le port de la Roche, *sur l'Isere*　i ℔. d.
Valence, *sur Rosne* v. e. vn.　i ℔. d. R. p.
  Antiques fontaines, sepulchre de deux filles de Cesar.

A Montlimart.

Valence, *cy dessus.*
Le port de Lyueron　　　　　iii ℔. p.
  Sur la Drome.
Lauriol　　　　　　　　　　i ℔. R.
Barbieres　　　　　　　　　ii ℔. p.
Montlimart v.　　　　　　　ii ℔. g. p.

Prouence.

La conté de Prouence adhere au Daulphiné, retenant encor l'ancienne appellation du lieu que les Romains, seigneurs des Gaules habitoyent, ainsi qu'appert par les vestiges demeurez en ce pays. S'estend depuis ledict Daulphiné, vers Cisteron, iusques au pays de Geneuois, le long de la riuiere de Midy: ascauoir a Sauone, port de mer. Est separé du pays de Languedoc, par la riuiere du Rosne au pont sainct Esprit: du costé d'Orient, & de l'Occident, par la Garonne: du costé de Septentrion, par la

l.ii.

montaigne de Velaye: & des endroits de Midy par la mer Mediterranee. Comprend les contez d'Orenge & Auignon, terre de Pape, qui commence apres Montlimart. Ha pour principales villes, Auignon, Tarascon, Cauaillon, Ais, Arles, Marseille, & autres.

Chemins.

En ce pays y a chemins frequentez, a raison des limites d'Italie, & ports de mer.

A Auignon.

Montlimart, *cy dessus*.
Chasteauneuf v.   i P.
Donzere b.   ii P.
Pierrelate b.   i P. p.
La Palus b.   ii P.
Nostre Dame des Plans abb. f.   d. P.
Mons dragon v. ch.   d. P.
Mornas v. ch.   i P.
Caderousse v.   ii P.
Fers, *chasteau sur le Rosne*   i P.
Le port de la Traille, *sur la riuiere de Horgue,*
 la quelle sort toute d'une riuiere   i P.
Auignon v. ch. vn. conte'   ii P. g.
 Autresfois siege de Pape, & maintenāt uille Papale.

beau pont ſur le Roſne. Pres de la uille paſſe la Durance, qui fait ſeparation de la Prouence & Daulphiné.

A Arles.

Auignon, cy deuant.
Taraſcon v.   vii P.

Deca le Roſne, au dela duquel eſt la uille de Beaucaire, qui pource donne lieu au prouerbe, Qu'entre Beaucaire & Taraſcon, ne repaiſt brebis ny oyſon, non plus qu'entre Tin & Tournon, qui ſont ſur ledict Roſne de coſté & d'autre d'iceluy, uers le pays de Valentinois.

Le Roſne ſe diuiſe en deux, dont l'un des brachs ua au Lãguedoc a Aigueſmortes: l'autre aux trois Maries, a trois lieues d'Arles, & la il entre en la mer.

Sainct Eloy de Crault   iii P.
Arles v. ch.   iii P. g.

Voy dans la uille d'Arles les arenes, qui eſt amphitheatre antique: uoy encor dans le college au hault de la uille, deux grands pilliers du temps des Romains, que lon dict eſtre les colomnes d'Hercules.

A Orenges.

Montelimart, cy deſſus.
Chaſteauneuf v.   i P.
Donzere b.   ii P.
Pierrelate b.   ii P. p.

La Palus b.   ii P.
Noſtre Dame des Plans   d. P.
Montdragon   iiii P. R.
Carpentras v.   ii P.
Orenge v. e. vn. conté   iiii P. g.

A Aix.

Auignon, *cy deſſus.*
Cauaillion, *Terre de Pape.* v.   iiii P. R.
Mallemort v.   iiii P.
   Le port ſur la Durance.
Lambeſc v.   ii P.
Aix v. ch. *Parlement de Prouence.*   iii P. g.

Autre chemin.

Auignon, *Au chemin ſuſdict.*
Taraſcon   iii P. R.
Le mas du Brau f.   iiii P. R.
Selon de Crau v.   iii P.
  La uerras fortereſſes faictes par les Romains, du temps de C. Marius.
  Paſſe la Crau, mauuais chemin, & terre ſterile.
Aix v. ch.   v P. g.

A Marſeille.

Auignon, *cy deſſus.*
Cauaillion, *Terre de Pape,* v.   iiii P. R.
  Fault paſſer le port de Durance.
Orgon v.   i P.

Sainct Scenas b. ii P.
Selon de Crau v. ii P. p.
Fancon v.   Montaigne. i P. g.
Les cabanes de Berre f. ii P.
Les Peines b. iii P. p.
  Monte une mauuaise montaigne, puis descends iusques a Marseille.
Marseille v. ch. iii P. R.
  Port de mer, anciénemét uniuersité de lettres Grecques.

A Antibe.

Auignon, *cy deuant.*
Tarascon v. vii P. R.
Sainct Eloy de Crau v. vi P. g.
Tres v. iii P.
Sainct Maximin iii P. R.
Briquelles v. iiii P. g.
Le Leu, ou Luc v. iii P.
Vidauben v. iii P. R.
Nuyz v. ii P.
Poyet ii P.
Freiust v. ch. ii P. g.
  Ville antique, ou y a eu port de mer.
Napolo, *au bord de la mer* ii P.
La Canne, *au bord de la mer* v. i P.
  Voy les isles saincte Marguerite.
Sainct Victor, *dans la mer* iii P. R.
Antibe v. *Port de mer.* iii P. g.

l.iiii.

A Nice.

Antibe, *cy dessus.*
Villeneufue, *sur petit ruisseau pres de la mer, ou estoit logé le Roy François au voyage de Prouence*   d. P.
Sainct Laurens, *sur la riuiere du Val*   d. P.
Nice v. ch.   i P. g.
Port de mer, uille antique, conté memorable des Arenes & Amphitheatre.

Languedoc & Gascongne.

Le pays de Languedoc, qui d'antiquité estoit de Prouēce: depuis ainsi dict, pource qu'au lieu d'ouy, leur langue profere ocq. Tiét a la Prouēce, ainsi que cy dessus a esté dict, s'estend iusques aupres du Lyonnois. Ha pour principales villes, Tholoze, puis Carcassonne, Narbone, Montpeslier, Lodesue, Aiguesmortes, Beziere, Piseaulx, Prezenay, Chasteaugarry, Lusignan, Montaignac, Millault, Montilac, Nymes, Vzaiz, & autres. Contient les pays d'Albigeois, dont la principale ville est Alby de Castres, & Gaillac: les contez d'Armignac & de Foys.

Le pays de Gascongne, pour Vasconde, comprēd les pays de Biart & Bigorre, iusques a Parpignan, Geuodan, pays de montaigne: ayant pour principale ville sainct Iean d'Aubrac, Viuarez, aussi pays de montaigne, ayāt pour principale ville Viuiers.

Chemins.

Ces chemins sont frequentez, tant pour les limites de la Gascongne & Espaigne, cóme pour le parlemēt de Tholoze, & marchandise de bons vins, & autres choses.

A Tholoze, le droict chemin.

Orleans, *cy dessus*.	ii	I.
Oliuet	i	P.
Passe la forest de la Ferté.		
La Ferté sainct Aulbin, *ou Nabert*	i	P.
La Motte buueron	ii	P. R.
Nouan le fuzelier	ii	P.
Sallebriz	iii	P. g.
Tillay, *a main dextre*	ii	P. d.
Viarron	ii	P. d. R.

Partit la Solongne de Berry par la riuiere du Chair, passant par ladicte uille. Deux uillages.

Le port de Lasenay	iii	P. d.

Passe la riuiere d'Auron, qui se rend a Bourges.

Yssoldun	iii	P. g.

Ville en Berry soubs Bourges.

Bausmiers	iiii	P.

Passe la forest sainct Chartier.

Sainct Chartier, *au bout de la forest* i P. R.
La poste ii P.
La Chastre en Berry ii P.
Nostre Dame de Lasenay i P. g.
Le Mats sainct Paul iii P.

Voy l'orme & pierre qui sont le commencement de la Marche, & diuisent quatre chemins, ascauoir de Berry, Lymosin, Bourbonnois & Auuergne : soubs lequel on dit, que quatre princes desdictes quatre terres ont autresfois parlemété ensemble chascun sur sa terre.

Pré Benast abb. i P.
La Commanderie ii P. R.
Iornage i P. d.

La marche de Lymosin, Berry, Auuergne, & Bourbonnois. Commence a entrer aux monts.

La maison neufue iiii P. g.
Felletin, *La marche de Lymosin.* iiii P. R.
Bellesensaigne, *Montaigne.* iiii P. g.
Nouy, *Marche de Lymosin.* iiii P. R.
Esteron, gráde uallee, & chemin perilleux. iiii P.
  Remonte, & passe un petit ruisseau, & un uillage au dessus.

Descends a Espontour, uallee, ou passe la Dordonne. i P. R.

Remonte par un uillage au dessus, puis descends a la Rochebrou. iiii P. g.

Passe la riuiere de Linde. Laisse le chemin d'Alby a main gauche, & pren main dextre.

Port de Boillac, dont procede la riuiere qui tombe a
Cahors en Quercy, nommee Charente.
Villefranche de Roarguez   v P. R.
  Commencement de Roargois.
  Deux uillages soubs l'Archeuesché de Rhodez.
Erdes, *a main gauche, passe par aupres* vi P. g.
Gaillac v.   iiii P. R.
  Voy la belle fontaine, & boy des bons uins blancs.
Rabastin   iii P.
Castelmol   ii P. g.
Tholoze v. ch. arch.   iii P. R.

A Nymes.

Montlimart, *cy dessus, en Daulphiné.*
Le pont sainct Esprit   i P.
 Soubs lequel passe le Rosne, determinant le Lan-
 guedoc d'auec la Prouence.
  Passe le Gardon.
Bagnols   iiii P. R.
Sorignac   vi P. g.
 En Languedoc.
Nymes v. e.   iii P. R.
 Passe la riuiere de Vidourle au pont de Camel,
 demie lieue au dessus de la uille.
 A Nymes, uoy les Arenes dans la uille, qui estoit un
amphitheatre, Tourmaigne, ou Tourmassifue, faicte p
les Romains, en pyramide de pierres carrees, a petits
ioincts. Pres de Tourmaigne sort une fontaine en forme

d'eſtang, au milieu de laquelle, y a un eſgorgemēt, dãs lequel ce qui tombe ou entre, ſoit beſtail ou perſonne, iamais plus on ne le ueoit, & ne ſe tariſt ceſte eau.

A coſté de Nymes, a trois lieues, ſur le chemin du d'Vzaix uoy le pōt du Gard, qui eſt de trois ponts l'un ſur l'autre, ſoubs lequel paſſe la riuiere de Gardon, & au pont du milieu eſt le chemin commun, & ſur le tiers eſt un aqueduct accommodé pour paſſer une fontaine d'une montaigne a l'autre.

A Montpeſlier par Lyon, le plus aiſé.

Lyon & Nymes, cy deſſus.

Paſſe la riuiere de Vidourle aū pont de Lunel, demie lieue au deſſus de la uille.

Lunel	iiii P.	R.

Paſſe le Lez dict Lenus, a un quart de lieue de Nymes

Montpeſlier v. e.		g.

A Narbone.

Montpeſlier, cy deſſus.

Gyan v.	ii P.	
Bougigne v.	ii P.	R.
Lupiat	ii P.	
Sainct Tubery v.	iii P.	g.
Bezirs v.	iii P.	
Narbone v. ch.	iii P.	g.

Archeueſché de ce pays, & port de mer, qui a donné le nom al a Gaule Narbonoiſe.

A Tholoze, de Narbone.

Narbone, *cy dessus.*
Lesignan, *bons draps.*   ii P.
Monts   iii P. R.
Carcassonne, *bons draps.* v.   iiii P. g.
  La cité au dessus de la ville, & riuiere entre deux.
Villepaincte   iiii P. R.
Chastelnault d'Arry   ii P.
Vignonet   ii P.
Tholoze v.   vi P. R.

A Tholoze.

Par Molins, sans aller iusques a Lyon.
Molins, *cy dessus.*
La Iolinette   ii P.
Teillis b.   i P.
Chastel de neuure, ou d'honneur sur la
  colline   d. P.
Monestay   d. P.
  Descends uers la riuiere d'Alier.
La Chaize   d. P.
Contigny, *sur le bord de la riuiere*   d. P.
Sainct Porsain v.   i P. R.
Escole   ii P.
Gannat v.   iii P. g.
Aigueperses, *Montpensier au deca* v.   ii P.
Rion v.   iiii P. R.
Clermont v. e.   ii P. d.
  Montferrant a costé, enuiron un quart de lieue.

Passe la montaigne de Dome, & boys.

Bamault	iii	P. g.
Rochefort, *sur montaigne.*	ii	P.

Bruyeres.

La Cueille	i	P.

Boccages.

Baugro	ii	P. R.
Sauene	i	P.

La grand uallee en boys & pays desert.

Eusseul v.	iii	P. g.

Depart d'Auuergne & Quercy.

Glotez	v	P.
Vitelle v.	iiii	P. R.

Montaigne & uallee.

Tulle v. e.	i	P.

En montaigne.

Elpeiro m.	ii	P.

Desert.

Nazareth b.	iii	P.
Souliac v.	iii	P. g.
Gourdon v.	iii	P.
Cahors en Quercy v. e. vn.	v	P. R.
Melieres	iiii	P.
Montauben v.	iii	P. g.
Froton	iii	P.
Tholoze v. arch. parl.	iiii	P. R.

A Montpeſlier, par Marſeille.

Marſeille, *cy deſſus.*
Les Peines b.   iii P. R.
Marignane v.   ii   P.
L'iſle du Martegue v.   iii P.
Iſtres v.   iiii P. g.
Sainct Martin de Crau b.   v   P.
Arles v.   iiii P.
   Paſſe la riuiere du Roſne, qui fait la ſeparation des pays de Prouence & Languedoc.
Trinquetaille   d.   P.
Sainct Gilles v.   iii P. g.
Nymes v.   iiii P.
   La ſe uoyent de grandes antiquitez, comme les Arenes, & autres choſes.
Limel   iiii P. R.
Montpeſlier v. ch. vn.   iiii P. g.

Le pays d'Auuergne.

La duché d'Auuergne, aſſiſe partie en plat pays, & partie en montaignes, adhere au Languedoc ſelon les montaignes, & au pays de Foreſt, pres la ville de Croppieres : & a Quercy, pres Euſſeul, & Lotos.

Le hault pays d'Auuergne ha pour principale ville sainct Flour, Esgueperse, Rion, Yssoire, Montferrant, Orillac, le Puy, & Eusset: comprend le pays & bailliage de Beaucaire.

Le bas pays d'Auuergne, fertile en laines & bons vins, ha pour principale ville Clermont: comprend le pays appelé la Lumaigne, c'est a dire, la plaine, en ancien langage, dont mesme l'Alemaigne, pour n'estre point montueuse, a esté ainsi appelee.

Quercy, pays de montaignes, adherant au hault pays d'Auuergne, ainsi que dict est, & tenant d'autre part a la Gascongne & pays de Guyenne, finissant aux monts Pirenees, qui diuisent l'Espaigne de la France: ha pour principales villes Cahors, Puys, Burelle, Tulle, Nazareth, Soullac, Gourdon, & autres. Ce pays est appelé des aucuns Crecy, & des autres le Caulx.

Chemins.

Les chemins de ce pays, sont assez notables, tant pour la commodité des villes dudict pays, comme pour la fertilité d'iceluy.

A Rion.

Orleans, *cy dessus.*
Oliuet   i P.
   Pren a main dextre.
Cormes, *sur main gauche, a costé des boys de la Ferté qu'il fault passer*   ii P.
La Ferté sainct Aulbin   b.   ii P.
   Pren a main gauche, deuant qu'entrer au uillage.
La Motte buueron   iii P. R.
Noan le fuzelier   ii P.
Salebriz   iii P.
Neuuy, *sur Berenion*   iii P.
Bourges v. ch. vn.   v P. g.
Sainct Iust   iiii P.
Dun le Roy, *de Berry*   iii P. R.
Le pont Didz   ii P. d.
   De Bourbonnois.
Aynay le chasteau   ii P. d.
   Passe la forest de Trousais.
La bruyere l'aubespin   iii P. g.
La Caue   ii P.
Cosne en Bourbonnois   b.   ii P. R.
Villefranche v.   ii P.
Sazereth,   *A gauche.*   ii P.
Montmerault, *A main dextre*   b.   i P.
La Coutz   ii P.
Chantelle la vieille   ii P.
                          m.i.

Ienzat ii P.
 Passe la riuiere.
Gauuat v. ii P.
 Depart de Bourbonnois & du pays d'Auuergne.
Aigueperse ii P.
Le Chiez ii P.
Rion v. ch. ii P. g.
 Seneschaulsee.

A Clermont en Auuergne.

Rion, *cy dessus.*
Montferrant ii P. d.
Clermont v. ch. e. d. P.

A Yssoire.

Clermont, *cy dessus.*
Cande ii P.
Vaire b. ii P.
Gerset b. ii P.
Yssoire v. ch. vn. ii P.

A Brioude.

Yssoire, *cy dessus.*
Charbonnieres iii P.
Brioude v. ch.

A Clermont par Lyon.

Au chemin de Languedoc.

A Cahors en Quercy.

Orleans, *cy dessus*	iii	I.
La Ferté sainct Aulbin b. ch.	v	P.
La Motte buueron	iii	P.
Nouan le fuzelier	ii	P.
Sainct Alebrin	iii	P.
Depart de Solongne & Berry.		
Le pont des afsiz	ii P.	d.
Viarron en Berry v. ch.	ii P.	g.
Yssoldun v. *Siege royal.*	v	P.
Embran	v P.	g.
Sainct Aux b.	iiii	P.
Vy sainct Chartier v. ch.	ii	P.
La Chastre en Berry b.	ii	P.
Crenant b.	iii	P.
Montereaux b.	ii	P.
Bonay	ii	P.
Gueret v. ch. *Siege royal.*	iiii	P.
Sur la Marche de Lymosin.		
Bourgneuf b.	vi	P.
Saluiat	iii	P.
Sainct Disier	iiii	P.
Le Palay	iiii	P.
Lymoges v. ch.	v	P.
Boisselles	ii	P.
Pere buchere	ii	P.
Maignac	ii	P.

Masseray	ii	P.
Vsarche	iii	P.
Le barillet	ii	P.
Douzerac	ii	P.
Sainct Antoine de Bonderac	ii	P.
Briue la gaillarde v.	i	P.
Nouaille	i	P.
Espoux	i	P.

Dernier uillage de Lymosin, depart de Lymosin, & entree en Quercy.

Le Batit, *premier uillage de Quercy.*	i	P.

Passe les boys.

Souillac	ii	P.

Passe la Dordonne.

Lanezac	d.	P.
Payrac	ii	P.
Fraichenit	ii	P.
Le verd	i	P.
Pellequois		q.
Montroustier		q.
Cahors v. e.	ii P.	q.

A Montauban en Quercy.

Cahors, *cy dessus*.

L'hospitalet	i	P.
Chastel nau de Mouratier v.	ii	P.
Moulliers	i	P.

Le Bizac ii P.
Montauban i P.
Sur la riuiere de Tarin, la uille est de Quercy, & la moitié du pont de Languedoc.

Lymosin.

Le pays ou conté de Lymosin, prenant son nom de Lymoges, ville principale dudict pays, commence a Argenton en Berry, & d'un costé fine a Felletin : de l'autre a la Marche, dicte de Lymosin : ha pour ville principale, Lymoges, puis Gueret, le Buisson, la Soubsterrane, Barat, Dorat, Conflat, Tulles, & autres.

La marche de Lymosin s'appelle ainsi que la marche de Lorraine, le pays môtaigneulx ou hault dudict pays, limitrophe aux autres circonuoisins.

Entre le matz sainct Paul a trois lieues de nostre Dame de Lasangy, & d'une abbaye nõmee Prebenast, y a vne grãde pierre que lon monte a vne marche pour memoire, & aussi vn grãd orme ancien, faisant les bornes des pays de Berry, Lymosin, Bourbõnois, & Auuergne, en sorte que les quatre seigneurs desdicts pays, selon le cõmun dire, peuuent ensemble deuiser en c'est endroit chascun estant sur sa terre.

m.iii.

Chemins.

Les chemins de ce pays, sont frequentez pour le bestail & drapperie, principalemēt a cause des bons pasturages des vallees & montaignes d'iceluy.

A Lymoges.

Orleans, *cy dessus.*		
Oliuet	i	l.
La Ferté b.	iiii	l.
Chaulmont b.	iii	l.
Chasteau vieulx	ii	l.
Millancay b.	iii	l.
Romorentin v. ch.	ii	l.
Sur Sauldre.		
Ville franche	ii	l.
Le pont aux places	ii	l.
Bel estang.		
Grassay	iii	l.
Vatan	ii	l.
Le molin parrin	v	l.
Le bourg de Dieu	ii	l.
Chasteauroux	q.	l.
Laultier, *dans les boys.* v.	ii	l.
Passe le boys de trois lieues de long.		
Sainct Marsault	iii	l.

Argenton, *sur-Creuse*.	q.	d.
Le Faix v.	iii	P.
Monet de Poictou	ii	P.

Commencement du Lymosin & terme de Poictou.

Arnac	iii	P.
Chezaulx	i	P.
Mortebel	ii	P.
Bessines	i	P.
Razei	i	P.
La Cruseille	i	P.
Beaulne, *a costé du boys*.	ii	P.
Lymoges v. ch.	ii	P.

Passe le mont de Vienne.

A Gueret, en la marche de Lymosin.

Au chemin de Cahors en Quercy, cy deuant.

A Lymoges, par Poictiers.

Orleans, *cy dessus*.			
Sainct Menin		ii	P.
Clery		ii	P.
Fontepertuis, *a main dextre*.		i	P.
Les trois cheminees		d.	P.
Sainct Laurens des eaux	ii	P.	R.
Nouan b.		i	P.

m.iiii.

Mende b.   i R.
Sainct Dier   b.   i P.
Montliuault   i P.
Nosieux   i P.
Blois v. ch.   ii P. g.
Chousy   iii P.
Escures   ii P.
Vesues   i P.
La Mare   i P.
Le hault sentier   i P.
La Pillauldiere   i P.
Amboise v. ch.   i P. R.
Bleray, sur le Cher   ii P.
Le Fau, sur Indre   iii P.
Mantelan   iii P.
Semes, A costé dextre.   q.   g.
La Selle   ii P.
Le port de Pille, sur Creuse   q. P.
Les hommes sainct Martin   i P.
Dangers, sur Vienne   i P.
Ingrande, sur Vienne, & de la iusques a Chastele-
rault la plus grand lieue de France.   i P.
Chastelerault, sur Vienne. v. duch.   i P. R.
Gaingnay   ii P.
Cubert   vi P. g.
La tour Conion, sur Vienne.   ii P.
Lusse le chasteau v.   ii P. R.
Molines   Boys.   ii P.

Gradour iii P.
Bela vi P.
Baionneil ii P.
Les maisons rouges ii P.
Le petit Lymoges iii P.
   Sur Vienne.
Lymoges v. e. i P.
   Trois iournees depuis Poictiers.

A Gueret par Poictiers.

Poictiers, *cy dessus* viii I.
Cubert, *sur Vienne* v P.
   Le boys de Sauigne.
Montmorillon v. iiii P.
Moussa b. i P.
Bourg a Chambault i P.
Esperez i P.
Lussay les eglises i P.
   Boys.
La bassinde iii P.
   Passage perilleux.
La soubsterrainne v P.
   Boys.
Gueret v. ch. vii P.

A Lymoges par Gueret.

Gueret, *cy dessus.*

Bourgneuf	vi	P.
Saluiat	iii	P.
Sainct Difier	iiii	P.
Le Palay	iiii	P.
Lymoges v. ch.	v	P.

Poictou.

La conté de Poictou, eft diuifee en deux parties: dont l'vne eft le bas, l'autre le hault Poictou. Le hault Poictou cōprend la Roche fur Yon, Talmont, Meroeil, Vouuant, Meruant, Breffuyre, Lodun, Fontenay le cōte, Mōtagu, Luffon. Le hault Poictou cōpred le pays de Gaftine, fauuage, & bō feulemēt pour beftail: & ha pour villes Nyort, Partenay, Poictiers, Touars vifcōté, Montcōtoul, Heruault, Mirebeau, Chaftelerault, & autres. Coftoye la duché d'Angolmois, iufques a Sainctes, tiēd au Perigourd, le lōg de la mer, & au pays d'Aniou vers Touars.

Le pays de Riz en Poictou, tire vers la Bretaigne, & eft fertile en bons vins, qui font de couleur paillets.

Chemins.

Ces chemins font notables, pour la renommee & frequentation du lieu.

A Chastelerault.

Ingrande sur Vienne, *cy dessus*.
Chastelerault sur Vienne v. duché i P.

A Poictiers.

Chastelerault   iiii I. d.
   Passe la guarenne du Roy, & hauls boys.
La tricherie   iii P.
Iaulnays   ii P.
Chassenoeil   i P.
Le pont des anses   i P.
Poictiers v. e. conté. vn.   i P. g.

A Siuray.

Poictiers, *cy dessus*.
Le ville Dieu   iii P.
La Ralliere   iiii P.
Rommaigné   i P.
Siuray   iii P.
  Du hault Poictou.

A sainct Maixent.

Poictiers   v I.
Crotelles, *bonnes quenoilles*.   i P.
Colombiers   ii P.

Lusignan ii P.
Voy l'ancien chasteau de Melusine.
Rouilly i P.
Le perron sainct Maixent i P.
Soudan ii P.
Sainct Maixent i P.
La se faict serge, futaine, rubens, & ceinctures.

A Nyort.

S. Maixent, cy dessus. vi I.
La ville Dieu, *du port de Vaux sur la Seure.* ii P.
Nyort v. ch. iii P.
Grandes foires de Poictou.

A Lodun.

Amboise, cy dessus.
Passe Loire sur les ponts, sinon ua tout droict, sans entrer dans la uille, & passe l'eaue a l'endroit de Montlouy.
Lussault i P.
Nostre Dame de bon desir i P.
Montlouy ii P.
La ville aux dames ii P.
Tours v. ch. i P. R.
Sauonnieres ii P.
Colombiers i P.

Valerre ii P.
Le port Huault, *sur Sauldre.* ii P.
La belle croix i P.
    Passe la forest.
Bengnay i P. d.
Chinon, *sur Vienne en Aniou.* i P. g.
Commécent les grádes lieues. Passe les põts dela nonnain, qui sont arches de pierre le lõg de demy lieue.
Parillay, *au bout du pont.* d. P.
    Monte le Costau de Parillay.
Beusse, *a costé gauche, sur le grand chemin.* ii P.
    Mauuais chemin en temps de pluye.
Lodun v. ch. Grands chappons. ii P. g.
    Plat pays.

A Touars.

Lodun v l.
Pas de ieu b. ii P.
    Passe la riuiere de Vine.
Touars v. ch. ii P.
    Passe la riuiere de Touay.

A Lusson, le plus droict chemin, & le plus court.

Lodun, *cy deuant.* v l.
Missay b. ii P.
Pas de ieu b. v P. R.

Sainct Memein. b iiii P.
Tillaiz b. iii P. g.
Sigourmay ch. ii P.
Chantaulnay b. ii P.
Passe le Lay, passage dangereux.
Les Moustiers sur le Lay b. iii P. d.
Bessay i P.
Main lairs i P.
La se peschent seiches, merluz, saulmons, alozes, marsouyns, & baleines.
Lusson v. esu. iii P.
Dans la uille uient un bras de mer, procedant de la grãd mer, qui est a une lieue & demie de la, & fait le chemin de l'isle de Rez.

A Talmont.

Touars v I.
Sainct Amand b. iii P.
Bressuire v. ii P.
Mauleurier b. iiii P.
Malle lieure ii P.
Boccages & roches, mauuais pays.
Montourmoy b. iiii P.
Rousange v. iii P.
Sainct Memein b. ii P.
Tillaiz ch. iii P.
Le puys gelant b. ii P. d.

Le bourg nouueau b.   ii P.
Tourignay b.   i P.
Sainct Florent b.   ii P.
Le tablier b.   i P.
Les Mouſtiers ch.   ii P.
La Guygardiere   ii P.
La granche de Talmont   ii P.
Talmont, dict *Talon du monde* v. ch. i P.
Port de mer, auquel l'on peſche ſeiches, merluz, & autres poiſſons.

A Luſſon, le plus long.

Touars   v l.
Couloignes Touarſoiſes   ii P.
Narterre   i P. d.
Sainct Porchere   i P.
Breſſuire v. ch.   i P.
La foreſt ſur Seure   ii P. d.
   Mauuais chemins de montees & deſcentes.
Monaublet   ii P.
   Mauuais chemin.
Mouilleron b.   ii P.
   Mauuais chemin.
Turay b.   iii P.
Luſſon v. ch.   iii P.

A Breſſuire.

Touars, cy deſſus   v l.
Colongnes Touarſoiſes   ii ₽.
Nartere   i ₽. d.
Sainƈt Porchere   b.   i ₽.
    Beaux pots de terre.
Breſſuire, *en boccage*   v.   i ₽.
    Paſſe un petit ruiſſeau.

A Montagut, le plus long.

Touars, cy deſſus.   v l.
Breſſuire   v.   v ₽.
Mauleurier   v.   iii ₽.
Malle lieure   b.   ii ₽.
Mauleon   i ₽.
    Boccages.
Montourmoy   b.   iiii ₽.
Poulſange   v.   iii ₽.
Sainƈt Memein   ii ₽.
Les Herbiers   iii ₽.
Le Boupere   ii ₽.
La Grenetiere   ii ₽.
Vandreynes   ii ₽.
Sainƈt George de Montagut   ii ₽.
Montagut   v. ch.   i ₽.
    Salines, & la mer a dix lieues.

A la Gauache.

Montagut, cy dessus.
Paluyau v.   iii P.
Grand lande b.   i P. R.
    Pays de boccage.
La Gauache   v P. g.
Bas Poictou, sur les marches de Bretaigne, uers le pays de Riay, qui est sablonneux.

A Beauuoir, sur mer.

La Gauache, cy deuant.
Beauuoir, sur mer. v. ch.   v P.
    Salmes, port de mer.

A Heruault.

Chinon, cy dessus au pays d'Aniou, fueillet 117 v I.
Marseilz   ii P.
S. Mariolle   ii P.
Le pays d'Ardéne, qui est tartre hault.   ii P.
Martasay   ii P.
    Mauuais chemin & fangeux.
Montcontoul   i P.
    Depart d'Aniou & de Poictou.
Heruault v. ch.   ii P.

A Partenay, le ieune & le vieil.

Heruault, *cy deuant.*	vi.	l.
Boccaiges & estangs.		
Partenay	iii	P.
Passe la riuiere du Cher.		

A Fontenay le conte.

Partenay, *cy dessus.*			
Passe la riuiere de Touay.			
Azaiz b.	i	P.	
Vernoue b.	ii	P.	
La Sye en Gastine abb.	i	P.	R.
Le Breil barret	ii	P.	
La Chastegneraye b.	ii	P.	
Vouuant, *que feit Melusine.* b.	i	P.	d.
Meruant, *que feit Melusine.* b.	i	P.	d.
Borneau	d.	P.	
Fontenay le conte, *sur le Lay.*	v. ch.	sie-	
ge royal.	ii	P.	g.

Au sable d'Aulonne.

Talmont, *cy deuant.*	viii.	l. & d.
Sainct Iean d'Orbestier	ii	P.
Le sable d'Aulonne	i	P.

Les isles du bas Poictou.

L'isle de Rex n'est de Poictou, mais tirant du Rochelois quatre lieues de la en la mer par le pays de Riay, porte force uins, appelez de Rex.

L'isle de Marmonstier sept lieues dans la mer par le pays de Riay & Talmont, porte force sel.

L'isle d'Aulonne deux lieues dans la mer par Talmont, porte sel & uin.

L'isle Chauluet, abbaye dãs la mer trois lieues par la Gauache, & le pays de Ray, & par Beauuoir sur mer, porte sel & uin.

La duché de Guyenne.

Guyenne duché, ha pour principale ville Bordeaulx: comprẽd ce qui est abbreuué de la Garonne, ascauoir le pays de Sainctõge, dont la ville capitale est Sainctes, puys la Rochelle, sainct Iean d'Angeli, Lorgaire, Archant, ponts Loubleze, Taillebourg, Iargnac, Barbesieux & Iosac.

Le pays Daulnyz, faisant la conté Daulnois, pays particulier a Sainctonge, comprend depuis la Rochelle, Blaye, Lermont, iusques au Bordelois: a esté ainsi dict pour la response d'vn roy de France, qui cõquesta ce pays sur les Anglois, & disoit qu'il se contentoit chascun iour d'en gaigner vne aulne.

Agenois, seneschaulsee de Guyenne, commence pres Lyon, qui est la derniere ville de Perigueux : ha pour principales villes Agen, Puys, Mermande, Virafeul : & pour clef & derniere ville, saincte Foy la grand: comprend Villeneufue, Dagenois sur Lot, depuis Nerat iusques a Bapoint : s'appelle le pays de Laine, pour l'abondance des bestes a laine, qui au beau pasturage de ce pays prennent leur nourriture.

Le Bazadois, autre seneschaulsee de Guyenne, dont la principale ville est Bazaz, Puys, la Riolle, Nunsasiege, sainct Basile, Castelnau.

Le Codonois, siege de Seneschal, dot la premiere ville est London, Puys, Bresme, Noure, & autres, qui sont cy apres descriptes.

Roargois, dot la principale ville est Rhodez, commence a la ville franche de Roargues : comprend Cordon, Estauges, Espeiron, & autres.

Angoulmois, autre seneschaulsee de Guyene, ha pour principales villes Angoulesme, Puys, Chasteauneuf, Blaisac, Chabannes, Consollant, Runsec, Aigres, Gouruille, & la Roche Foucault.

Chemins.

Ces chemins sont des plus notables de France, pour toutes commoditez de mer, terre, pays limitrophes, que lon scauroit soubhaiter.

A Sainctes.

Poictiers, cy deuant.
Colombiers iii P.
Lusignan v. ii P.
   Sur la riuiere de Seure y a grandes foires.
Cheuaiz b. iii P. g.
Cheray b. i P.
La barre i P.
Sainct Leger de Mesle i P.
Laisse Mesle bonne uille, a main dextre, un quart de lieue au dela.
Brion b. ii P. R.
La ville Dieu d'Aulnois ii P.
Aulnois b. i P.
Paillers i P.
Bricleu ii P. g.
   Laisse Busambourg, bonne uille, a main gauche.
Escoyaulx i P.
Veneran i P.
Sainctes v. e. i P. R.
   Ville capitale de Sainctonge.

n.iii.

A Blaye.

Sainctes, cy dessus.
L'hospital neuf   q.
La maladerie   d. q.
Pontz   d. q.
Recose   i P.
Sainct Geruais   i P.
Pressac b.   i P. R.
La Tenaille b. abb.   i P.
Sainct Duysan   i P.
Mirambeaulx   i P.
Petit beauuois   d. P. g.
Pleine seue   i P.
Sainct Aulbin b.   ii P. g.
  Le boys franc en la conté de Blaye.
Le pays de Fenestres   i P.
Estauliers   i P.
Gigot   ii P. R.
La garde ou Darde Rollãt, duquel lieu lon dict que Rollant iecta une lance iusques en la mer de Blaye.
Blaye v. ch. frontiere, port de mer.   i P.
Conté soubs l'Euesché de Bordeaulx, passe un bras de mer, uenant de la Rochelle.

A Blaye lon monte sur l'anguille, qui est un certain bac petit & grãd, lequel d'une maree conduict selon le uent iusques a Bordeaulx: ou il y a sept lieues de pays.

A Bordeaulx.

Blaye, cy deuant.
Monte sur ledict bras de mer, & sur l'anguille susdicte, passe par les lieux qui sensuyuent.
Roche d'estaulx   i P.
 Laisse la uille de Bourg, a main gauche.
Le bec Dambrois, passage dangereux, qui est d'un pont & d'une isle entre deux mers, que uerras a main gauche.
Montferrant, sur la coste de la mer a main gauche.   ii P. R.
Macault, a main dextre.
Le pays de Medoc, dont on uoit places & chasteaux a main dextre.
Blãc & fort, a main dextre, chasteau fort anciē. i P.
Lermont, port de mer, a main gauche.
Bordeaulx v. arch.   i P. R.
Port de mer, uille capitale & parlement de Guyenne, anciennement dicte Burdegalæ.

A Coignac en Xainctonge.

Poictiers, cy deuant au chemin de Blaye.
Croustelles b.   i P.
 Fuzeaulx & quenoilles.
Viuonne v. ch.   iiii P. R.
 Sur la Souure.
Conay b.   iii P.

n.iiii.

Chaulmais ii P. g.
Solzaiz ii P.
   Vausez ioignant.
Montiian i P.
Villers i P. R.
Villefaignan i P.
Tusson i P.
Aigres b. i P. g.
Villeneuf b. i P.
Anges b. i P. g.
Haultuille b. i P. d.
Sonneuille b. d. P.
Corbillac i P.
Nausillac i P.
Coignac v. ch. i P. g.

A la Rochelle, le droict chemin.

Poictiers, *cy deuant.*
Crotelles i P.
Colombiers ii P.
Lusignan i P. R.
Rouillay i P.
Le perron sainct Maissent i P.
Soudan ii P.
Sainct Maissent sur Seure i P.
Ville Dieu, *du port de Vaux sur la Seure.* i P. g.
Nyort v. ch. ii P.

Fontenay l'abatu   ii ℔. R.
La Neufuoire   ii ℔.
  Paſſe des marets dans des gabarres.
Courſon b   i ℔.
Nuaillay b   ii ℔.
La Rochelle v. ch.   iii ℔. g.
  Port de mer.

A la Rochelle, le plus beau.

Partenay, *cy deuant.*
  Paſſe la riuiere de Touay.
Le Talut b.   i ℔.
Azaiz b.   i ℔.
Vernou b.   ii ℔. R.
La Sye en Gaſtine   i ℔.
Le Breil barret   ii ℔.
La Chaſtaigneraye v.   ii ℔. g
Vouuant, *que feit Meluſine.* v   i ℔. d.
Meruant, *que feit Meluſine.* b.   i ℔. d.
Borneau b.   d. ℔.
Fōtenay le cōte, *ſur le Lay.* v. ch.   ii ℔. R.
  Siege Royal.
Le gay de Veluſe.   ii ℔.
  Entre en baſteau ſur un bras de mer, dict Berault.
Marant   ii ℔.
La Rochelle v. e.   ii ℔. g.

A la Rochelle par Luſſon, le plus long.

Luſſon, cy deſſus.
Champigny   ii P.
   Paſſe le Berault, bras de mer.
    Mauuais chemin de mareſcage.
Suandes b.   i P. R.
Synſandre   i P.
La Rochelle   i P.

A Agen.

Orleans, cy deſſus.
La Ferté ſainct Aulbin b.   iiii P. R.
Chaulmont b.   iii P.
Chaſteauuieil b.   ii P.
Millancay b.   iii P. g.
Romorentin, *ſur Sauldre.* b.   ii P.
Villefranche, *ſur le Cher.* v. ch.   ii P.
   Separation de Berry & Solongne.
Le pot des places, *pres d'un eſtag.* iii P. d. R.
   Mauuais chemin.
Graſſay v. ch.   ii P. d. g.
Battan, *paſſe une riuiere de meſme nom.*   ii P.
Le boys de Ligneres m.   ii P.
Le moulin Perrin   iiii P. R.
Le bourg de Dieu abb.   i P. d. g.

Chasteauroux v. ch. abb. q.
L'autier, *dans les boys.* m. iiii P.
Argenton v. ch. iii P. g.
Soulon ch. i P. d.
Le Fau m. ii P.
   Passe un ruisseau qui diuise le Berry du hault Poictou.

Moet iii P. R.
Arnac iii P.
   Passe un ruisseau qui diuise le hault Poictou du Lymosin.

Mortairol v. iii P. g.
Bessines b. ii P.
Resor ii P. R.
Lymoges v. e. vi P. g.
Vetoux ii P.
Sainct Yriay la perche v. ch. iii P. R.
L'hospital ii P.
La Monaille b. i P.
Sainct Rapher b. ii P.
   Diuision du Lymosin & Perigueux.
Tourtouyrac b. abb. i P. g.
Gabillon b. i P.
Ayac b. i P.
Bonneual i P.
Roffignat b. i P. R.
   Commencement de grosses lieues.
Le Bugo, *sur la riuiere de Besore.* iii P.

Limel, sur Dordonne v. ch.   i P.
Cadouyn   i P. g.
Montferrant ch.   i P.
Montpasier v. ch.   i P.
Biron   i P.
Derniere uille de Perigueux, commencemēt de l'Age-
    nois. Laisse Pauillac a main gauche.   ii P.
Montflanquin.   ii P. R.
    Sur le Ledat, ou la Lede.
Saincte Ragonde   i P.
Villeneufue d'Agenois v. ch.   i P.
    Sur le Lot.
Poigeol   q.
Sainct Antoine de Figuedauua   i P. g.
Noſtre Dame de Garimaz   i P.
Le Caulet   i P.
Agen v. e.   i P. R.
Seneschaulsee de Guyenne, & la uille assisse sur Ga-
    ronne, qui fait la separation de ladicte Guyenne
    & Gascongne.

A Nerac.

Agen, cy dessus.
Nerac ch.   iii P. R.
    En Condonnois, sur la riuiere de Baise.

A Bayonne, par Nerac.

Nerac, cy dessus.
> Grands lieues de Gascongne.

Solz v. ch.   iii P. R.
> Landes.

Gabarret v.   iii P.
Creon   ii P. g.
> Dans les landes

Sainct Iustin.   i P.
Poy de sault   i P. R.
> Entre au pays de Basque, dont Bayonne est uille capitale.

Le mont de Marsan v. ch.   iii P. g.
> Passe la riuiere de Dou.

Sainct Seuer v. Cap de Gascongne, sur la riuieré de Dou.   iii P. R.
Tartas v. ch.   iii P.
Dacqs v. ch. Sur le Dou   iiii P. g.
Aulbimport, passe le bac sur le Dou   i P.
> Pays de sablons.

Le barat de la bene v.   v P. R.
Sainct Martin   i P.
Bayonne v. e.   ii P. g.
> Port de mer, chef de Bisquaye, pays soubs Gascongne.

A Rossec.

Poictiers, cy dessus.
Crotelle   i P.

Roffignai i P.
Viuonne v. ii P.
Valence b. abb. iii P.
Conay b. q. R. p.
Chaulnay b. ii P.
La maison blanche b. ii P.
 Depart de Poictou & Angolmois.
Roffec d'Angolmois v. iii P. g.

A Angolesme.

Roffec, cy dessus.
Manle x. iii P.
Tourrieres b. i P. R.
Le pont de Touure ii P.
Talonneau d. P.
Angolesme v. ch. e. g.
 Monte seulement aupres de la uille, passe la Charente.

A Chasteauneuf.

Angolesme, cy dessus.
Garenne du Roy q.
Sainct Michault q.
Nersac i P.
La forest Malestrade i P.
Chasteauneuf v. i P. R.

A Confollant.

Angolefme, *cy deuant.*
Le pont de Touure   d. P.
Chauiers   d. P.
Conian b.   iii P. R.
S. Clame v.   iii P.
Chantrezac b. ch.   i P.
Confollant v.   iii P. g.

A la Roche Foucault.

Angolefme, *cy deffus.*
Le pont de Roelle, *fur la Touure.* b.   i P.
La foreft de Braco   i P.
La Roche Foucault v. ch. conté ii P.
  Sur la Tardoire.

www.ingramcontent.com/pod-product-compliance
Lightning Source LLC
Chambersburg PA
CBHW051919160426
43198CB00012B/1962